MW01710834

# La Riqueza de ser Mujer

"Por la Superación del Ser Humano y sus Instituciones"

Maga Albarrán

# La Riqueza de ser Mujer

PANORAMA EDITORIAL

LA RIQUEZA DE SER MUJER



Dibujo portada
y ilustraciones: Katia Albarrán Motta

Primera edición: 1998
Cuarta reimpresión: 2000
© Panorama Editorial, S.A. de C.V.
Manuel Ma. Contreras 45-B
Col. San Rafael 06470 - México, D.F.

Tels.: 55-35-93-48 • 55-92-20-19
Fax: 55-35-92-02 • 55-35-12-17
e-mail: panorama@iserve.net.mx
*http://www.panoramaed.com.mx*

Printed in Mexico
Impreso en México
ISBN 968-38-0768-2

## Dedicatoria

Hay tantos personajes a quienes dedicar este libro que han influido en la formación del ser humano que soy; mi madre cuyo pensamiento y acción siempre me guió a unirme a la cruz de Cristo. Mi padre que me enseñó el valor de la libertad, mis hermanos que han sido tan importantes para mí, mis amigos, los que me han mostrado su confianza y su aprecio, mis maestros. Todas aquellas personas que se acercaron a mí con la certeza de que los ayudaría, gracias por darme la oportunidad de servir, créanme, he recibido yo más de ustedes. A Evelyn, Carmen y Ana, cercanas a mi corazón.

A todos los grupos a los que he pertenecido, especialmente Familia Educadora en la Fe y mi grupo Pío XII he aquí sus enseñanzas y mi gratitud.

A todas las mujeres que viven su vocación con alegría y a todos los hombres que saben valorarlas y reconocen la riqueza que hay en ellas.

A Jaime… mi esposo, mi compañero, mi gran amor.

A mi hijo Jimy… mi gran maestro.

A mi hijo Ricardo… mi gran amigo.

Y especialmente dedico a mis hijas, este libro que es la síntesis de mi búsqueda, de mi aprendizaje y mi fe.

A ti Katia… que me enseñaste a ser mamá, gracias por tu ayuda incondicional siempre, gracias por esta portada que refleja la serenidad de tu alma.

A ti Jeanine… he aquí mi regalo de bodas, un sueño que se realiza porque tú haz creído en mí. Que Dios bendiga tu matrimonio y que este libro las acompañe en la realización de su misión, descubriendo día a día La Riqueza de ser Mujer.

# Indice

Marzo de 1998.

Querida Maga:

Nunca antes de leer tu libro me había sentido tan orgullosa de ser mujer. Te agradezco la cantidad de motivos que me hicieron reflexionar en la maravilla de haber nacido niña... En el enorme potencial que aún debo desarrollar... y en la gran misión que tengo que cumplir tan sólo por mi condición de mujer.

Quien, como yo se adentre en las páginas de tu hermoso libro, va a encontrar muchas respuestas en la búsqueda de ese camino espiritual que nos hace ser mejores y que al final de la vida nos permitirá saber si valió la pena haber transitado por esta tierra... De modo que el propósito que planteas en los primeros renglones de tu obra, se cumple... Yo diría, que está más que logrado.

Quiero contarte, que curiosamente, hace unas semanas fui invitada como maestra de ceremonias en la instalación del PRIMER PARLAMENTO DE MUJERES... Un hecho sin precedentes en la historia legislativa de nuestro país, no solo porque nunca antes se había abierto el recinto de San Lázaro para un acto público, sino porque senadoras y diputadas de todos los estados y de todos los partidos políticos, además de feministas y activistas sociales, se ponían por primera vez de acuerdo en lo que le hace falta a las leyes mexicanas para beneficiar a la mujer o más bien, para pagarle la deuda que durante décadas han tenido con ella.

Ahí se habló de castigar severamente el acoso sexual, de dar más apoyo a las madres que trabajan, de sancionar a los medios de comunicación que denigren la imagen de la mujer, en fin, de tantas otras propuestas —alrededor de 800— que fueron presentadas en espera de traducirse en una legislación que —consensuada con los diputados y senadores— acabe con la marginación de las mujeres.

Por ese tiempo leí tu libro, Maga, y me ayudó, en gran medida, a llegar a la conclusión de que mejores leyes pueden hacer mucho por nosotras, pero más que una legislación necesitamos TODAS ponernos en el lugar que nos corresponde, desde nuestro muy particular ámbito o quehacer... suena fácil... La verdad no lo es... Pero "LA RIQUEZA DE SER MUJER" es una excelente plataforma... tú nos ofreces los medios para colocarnos en ese sitio con toda la dignidad que nos merecemos.

Si cada mujer en esta nación y en este mundo toma conciencia de su verdadera esencia y valora su bendito género, sin esperar que alguien lo haga por ella, y además se lo transmite a sus hijos, se va a lograr más que lo que pudieran hacer muchos parlamentos de mujeres.

Maga, no me sorprende que tengas una familia armoniosa y unida, porque tú irradias generosidad, paz, espiritualidad... AMOR, en una palabra... Sé que Jaime, tu esposo amado, ha inspirado gran parte de estas páginas, sobre las cuáles también tus tres

ROSAS ROJAS han desprendido un hermoso aroma... Tu ROSA BLANCA —que como dices— te ha enseñado a levantar los ojos al cielo, desborda una enorme ternura, y sé que te ha hecho lo suficientemente sensible para realizar no sólo este libro, sino, en silencio, muchas obras buenas... Y es que además eres una persona congruente y sé que actúas conforme piensas, hablas y escribes... Sé que tu madre, la poeta María Evelia Monterrubio y Sáenz, a quien admiras cada vez más, a pesar de su partida está detrás de esa vocación tuya de escribir, que había descubierto desde que eras niña...

**Esa princesita encantada que hace versos, y que piensa en profundidades sabias...**

Maga, gracias por haberme dado el privilegio de conocer ésta, tu tan acariciada obra, antes de sacarla a la luz, te agradezco también por acudir siempre tan bien dispuesta a compartir con nosotros tus aleccionadoras charlas y cursos en el programa de radio "HOY, GRAN DIA" de XEW, pero sobre todo...

GRACIAS siempre, por considerarme tu amiga y permitirme penetrar no sólo en el mundo de tus ideas sino de tus afectos.

Te quiere mucho

Julieta Lujambio

# Introducción

He caminado mucho, he caminado tanto que he ido descubriendo quién soy, para qué soy y la riqueza que hay en cada ser humano que, por ser imagen de Dios, tiene un valor infinito.

En el caminar han cambiado mis criterios, ha cambiado el rumbo de mis alas; a veces yo las dirijo, pero otras me dirigen a mí. Así, en muchas ocasiones he perdido el camino, retrocedo y sigo hacia adelante. Esto me hace sentir que estoy viva y que cada día tengo una oportunidad.

En mi historia hay de todo: alegrías y tristezas, triunfos y derrotas; obstáculos, sí, pero no problemas. Yo llamo a los problemas experiencias y les doy las gracias pues me hacen fuerte y me ayudan a crecer como persona.

He descubierto que la vida es un regalo que hay que disfrutar al máximo. Cada mañana contemplar el sol con ojos nuevos, y por la noche, hacer un recuento: ¿qué tanto llené mi día? ¿Qué cambié hoy para ser mejor? ¿Cuánto bien hice a mis hermanos? ¿Alivié la pena de alguno? Si no es así, mañana comenzaré de nuevo.

Dios me hizo mujer, me pensó única y me regaló su imagen; a veces la distorsiono, pero otras logro ser un reflejo de El y es cuando descubro la riqueza que hay en mí.

Esta es la riqueza que vivo como ser humano, como ama de casa, como profesionista, como esposa y como madre. Y que me define y me identifica como una mujer, que desde su propia realidad lucha y sueña por ser mejor cada día.

CAPITULO 1

# Ser en el mundo actual

No estás leyendo este libro por casualidad. Se dice que "casualidad es el seudónimo que usa Dios cuando no quiere firmar sus obras".

Estamos en una búsqueda y yo espero que juntas encontremos una respuesta, un camino, una luz que nos haga ser mejores después de esta lectura, reflexionando desde nuestra propia realidad y reconociendo cuánta riqueza hay en nosotras. Así encontraremos caminos que nos lleven a ser mejores mujeres, mejores amas de casa, mejores profesionistas, mejores esposas, mejores madres.

Comencemos por formularnos una pregunta que hacen en la TV todos los días: Y TU, ¿QUIEN ERES? Yo sé que lo primero que te vendrá a la mente es decir tu nombre, después pensarás que eres la feliz esposa de... o la mamá de esos diablillos que llenan tu vida, o tal vez pensarás en tu profesión y en tu "quehacer" de todos los días. Pero yo no te pregunté tu nombre, ni con quién estás casada, ni tampoco cuántos hijos tienes, ni menos aún a qué te dedicas; yo sólo te pregunté ¿quién eres? Creemos que lo que nos define es lo que hacemos, que lo que nos da valor es lo que sabemos o, peor aún, lo que tenemos, porque este es el mensaje que nos manda el mundo, el cual nos da una definición equivocada del éxito. El éxito no está en el saber, en el hacer o en el tener, el éxito está en el SER y en cumplir con una misión específica que hemos de ir descubriendo.

He aquí un relato de alguien que murió sin saber quién era:

## Simplemente Ser

Una mujer de pronto llega al cielo y es llevada ante el gran tribunal.

—¿Quién eres?— dijo la voz.

—Soy la mujer del alcalde, —respondió ella.
—Te he preguntado quién eres, no con quién estás casada.

—Soy la madre de cuatro hijos.
—Te he preguntado quién eres, no cuántos hijos tienes.

—Soy una maestra de escuela.
—Te he preguntado quién eres, no cuál es tu profesión.

—Soy una cristiana.
—Te he preguntado quién eres, no cuál es tu religión.

—Soy una persona que iba todos los días a la iglesia y ayudaba a los pobres y necesitados.
—Te he preguntado quién eres, no lo que hacías.

*Tu obligación es SER.*
*No un personaje ni un don nadie.*
*Sino simplemente SER.*

Anónimo

Yo valgo porque SOY, y aquí nos podemos elevar identificándonos con el SER por excelencia; y podemos decir como Jahvé le dijo a su pueblo: " YO SOY EL QUE SOY"; o en una frase popular decir como Pedro Infante: "Yo soy quien soy y no me parezco a nadie". No hay dos como yo, somos modelos únicos. Cuando veo que una tienda anuncia modelos exclusivos, sé de antemano que esos vestidos son muy caros, porque no hay más que uno de cada uno. Así, yo soy una creación exclusiva de Dios y por eso soy "muy valiosa".

Para conocernos hemos de buscar conceptos que nos definan. En primer término:

Yo soy una MUJER con características físicas y psicológicas diferentes a las del varón.

Yo soy un SER HUMANO, porque tengo la capacidad de razonar y tengo una voluntad propia por medio de la cual ejerzo el regalo de la libertad; yo puedo decidir qué hacer o qué no hacer.

Soy una PERSONA y esto es lo que me hace ser única. La personalidad se construye con dos elementos importantísimos: el Temperamento y el Carácter.

El Temperamento es esa maletita con la que nos enviaron al mundo, todo lo heredado de manera genética o congénita, son esas características que nos transmitieron nuestros padres, abuelos y antecesores. Por ejemplo, ese remolino en la cabeza igual al de mi papá, o los ojos verdes de mi abuelo, o la forma de dormir de mi mamá, o el lunar en la mejilla, o la simpatía, o un temperamento irascible o melancólico, etc.; todo eso que ya traíamos desde antes de nacer.

Y el Carácter, que se forma según el medio ambiente en el cual nos desenvolvemos. Por esto nuestra personalidad es única, porque nuestra historia es única también. No es lo mismo una persona nacida en la costa, que una nacida en un país frío; no puede ser igual alguien que nació en una gran ciudad, a quien nació en un pueblito. Será diferente la personalidad del que tuvo muchos hermanos, a la del hijo único; la del que se crió con sus abuelos, a la de quien se crió con sus padres; es diferente también la historia de un hijo de padres divorciados o un niño maltratado. Es decir, el carácter es aquél que se forma por los estímulos que captamos por medio de los sentidos y que influyen en nuestro comportamiento.

Así, el temperamento y el carácter forman nuestra personalidad única e irrepetible, por esto no hay dos como yo.

Hay otra característica que me hace muy valiosa: soy IMAGEN DE DIOS. Cuando me miro al espejo, éste refleja mi imagen. Con Dios es igual, El se refleja en mí y yo soy un reflejo de El, por esto debo aceptar, respetar y hacer respetar la imagen de Dios que hay en mí y que me hace un ser muy especial.

Para las personas que tienen fe, hay una característica más: SOY HIJA DE DIOS. Si tuviéramos un papá muy importante caminaríamos por la vida seguras, sabiendo que él nos protegería en cualquier circunstancia o peligro; si yo fuera hija de un rey, o de un presidente, qué bien me sentiría, y seguramente estaría orgullosa de serlo y lo proclamaría a los cuatro vientos presumiendo de mi origen. Pues tú eres HIJA DE DIOS, del Dios en el que cada quien crea y El es más que un presidente o que un rey. ¿Por qué entonces vamos por la vida cabizbajas, inseguras y con miedos? La psicología nos dice que el ser humano es una unidad biopsicosocial. Yo agregaría: es una unidad biopsicosocialespiritual, es decir, somos materia, tenemos un cuerpo físico, tenemos una mente poderosa, nos desenvolvemos en una sociedad y tenemos un espíritu trascendente.

Esto nos va llevando a descubrir cuál es nuestra dignidad, nuestra propia identidad como mujeres, como amas de casa, profesión que rechazamos y con la que nos sentimos minimizadas. Nos molesta decir: "Soy ama de casa". Tal vez porque no hemos comprendido lo que significa ser ama: es ser Señora, que no sólo implica autoridad sino realeza. Soy la reina de mi casa y en mi reinado tengo dos misiones importantísimas:

Como esposa, ser un estímulo, llenar las expectativas de mi esposo, enamorarlo y conquistarlo cada día, ser compañera y amiga, bálsamo que alivie la pena y signo de armonía y de paz.

Y, como madre, ser formadora de hombres y mujeres dignos y cabales, educarlos en el amor y en la libertad, enseñarles a que sean fieles a sus ideales, a que sepan soñar sin perderse en los sueños, a que sepan agradecer, a que tengan los pies bien puestos en la tierra y los ojos en el cielo. He de cumplir con la misión que se me ha confiado y que se inicia en la familia, conocer mi misión y no sólo aceptarla, sino amarla profundamente, es decir "FLORECER DONDE DIOS ME HA PUESTO". Ahí, desde mi propia realidad, desde mi circunstancia e historia, ahí he de dar fruto, donde me tocó vivir y con lo que me tocó vivir.

## Un momento para hablar contigo

Haz un alto y pregúntate: ¿en qué momento de tu vida estás? ¿Cómo te gustaría verte dentro de cinco años? ¿Cómo querrías estar al final de tu vida? ¿Cómo quisieras que te recordaran cuando te vayas de este mundo?

Ustedes y yo vamos en busca de lo mismo, tenemos los mismos ideales, las mismas metas, y nos está tocando vivir una época difícil; aunque yo no creo que todo tiempo pasado haya sido mejor, pues cada época tiene sus propios retos. Los problemas que nos está tocando vivir son los mismos que tuvieron nuestros abuelos, solamente hemos de dar respuestas nuevas a problemas viejos en un mundo diferente. Urge una generación de padres, hombres y mujeres valientes, que tratemos de mejorar nuestro mundo para que este siglo XXI que está cerca sea mejor, y será mejor porque ahí estaremos nosotras, siendo esposas y compañeras y juntos formadores de una generación en la esperanza, de una generación que haya experimentado el AMOR con mayúscula. Uno de mis hijos me escuchó decir esto alguna vez y me preguntó: "¿Cuál es ese amor con mayúscula?" Me encantó su pregunta y le respondí: "Es ese amor que sólo quiere el bien del otro... perdona... acepta... construye, propicia y busca el crecimiento del otro"

**Un problema del mundo actual** es que habitualmente vivimos fuera de nosotros mismos, nos absorbe el mundo exterior y no nos detenemos a reflexionar y a tratar de descubrir en nosotras la esencia de nuestro propio ser. José Enrique Rodó, en su libro Parábolas nos habla de un rey que tenía un palacio bellísimo, cuyas puertas permanecían abiertas para que pudiera entrar todo su pueblo. La gente podía caminar por los jardines, recorrer el majestuoso castillo, incluso entrar en las habitaciones. ¡Ah! pero había un lugar al que sólo tenía acceso el rey, una celda escondida a donde se retiraba seguramente a reflexionar cómo debía gobernar a su pueblo, qué era lo mejor para ellos, cómo podía cumplir con su misión; ahí solamente estaba el rey con el rey. ¿Tenemos un lugar escondido en el cual podamos permanecer a solas con nosotras mismas, con el fin de darnos cuenta de lo que es más importante? Para ser personas necesitamos del silencio, no dejarnos llevar por la corriente del mundo que nos dice: "No te sacrifiques, realízate, no pienses en los demás, tú puedes sola". Estamos en un mundo ruidoso, lleno de mensajes y de propuestas; Paulo VI decía: "Somos demasiado extrovertidos, vivimos fuera de nuestra casa, e incluso hemos perdido las llaves para volver a ella".

Hay mucha gente que no sabe qué hacer con el silencio, lo rehuye, prefiere los ruidos, la agitación, tiene miedo de verse a sí misma, prefiere no encontrarse con el interior de su conciencia. Al despertar lo primero que hacemos es encender la TV, nos subimos al carro e inmediatamente prendemos la radio. La mujer exteriorizada no podrá conocerse a sí misma, su conciencia estará regida por lo que tiene y le ambienta, lo que hace, lo que le afecta, lo que le hacen y lo que no le hacen, lo que le gusta y lo que no le gusta. Tal vez este libro nos motive a hacer ese silencio, a establecer un alto, a abandonar la monotonía del trabajo, todo lo que nos abruma: la casa, el super, los niños, el uniforme, la comida, las vacunas, el doctor, el tránsito, el banco, los compromisos, tantas cosas que nos aturden y que no nos permiten silenciarnos interiormente.

En una estrella tengo a quien me acompaña en todo lo que hago, ella está conmigo y me inspira lo que debo escribir y lo que he de decir, fue quien formó mi corazón, quien me enseñó a soñar a amar, es María Evelia Monterrubio y Sáenz, mi madre, que nos invita en su libro Inquietud de unas alas a reflexionar:

"Búscate, encuéntrate, verás qué maravilloso hallazgo, recorre tu mundo subjetivo; nada hay fuera de ti, nada comparado con lo que llevas dentro, conócete; si vieras cuántas riquezas y tesoros posees. El universo que contemplas con ojos materiales es una joya del Orfebre Divino, del Sublime Arquitecto de los Siglos, del Poeta de los Astros, El te ha creado a ti también, pero en ti imprimió con un beso de amor un alma inmortal".

"Si nunca has pensado en esto piensa, medita, conócete, ¡qué maravilloso eres, con cuánto amor y delicadeza fuiste creado para ser el dueño del universo!"

Vivir el hoy de Dios con alegría, ver el sol con ojos nuevos, dejar el pasado atrás. A veces vivimos anclados en el pasado o pensando en tragedias que nunca llegan, sin darnos cuenta de que el futuro se construye hoy.

Cuando pensamos en esto somos capaces de caminar por el mundo con seguridad y con alegría, con optimismo.

## Tú eres como un río, no eres como un lago

¿Cuál es la diferencia? El lago tiene límites, no se sale nunca de su cauce, permanece estático; el río corre y a su paso encuentra basura, flores y pastos, a veces piedras, a veces se sale de su cauce, pero retoma el camino porque sabe adónde va, tiene una meta: llegar, desembocar en algo tan grande como es el mar y fundirse con él. No lo olvides: TU ERES COMO UN RIO.

**Somos seres trascendentes:** Los seres humanos realizamos muchas actividades que también realizan los animales: comer, dormir, reproducirse, jugar. ¡Ah! pero sólo el hombre hace ciencia, sólo el hombre puede realizar una obra de arte, sólo el hombre establece leyes morales aunque sea para infringirlas, sólo el hombre tiene religión. Estos cuatro aspectos: ciencia, arte, moral y religión forman la cultura, la educación que me va a diferenciar de los animales. Esta dignidad y esta diferencia me la da haber sido creada a imagen y semejanza de Dios y debo defender, cuidar, respetar y hacer respetar esa dignidad que hay en mí. Mi valor no es menor que el de una rubia despampanante de ojos azules, ni mayor que el de una negrita con los pies descalzos; mi valor no es mayor por mis características exteriores o por apellidarme Pérez, García, Gómez, Rivadeneira o Corcuera y Limantur; soy valiosa siendo amor, dando amor, abriéndome al amor.

**La mujer está pensada** de manera especial, desde mi aparato reproductor está hecho para recibir, para guardar. Mi matriz está construida para acoger a un ser, para darle cabida y calor, y mis brazos están pensados para abrazar a ese esposo que a veces quisiera despellejar pero Cristo me inspira para ser su instrumento de salvación.

**La persona es un ser con los demás.** Para que haya un yo debe haber un tú, el yo y el tú pueden formar un nosotros y, sin perder la propia identidad, formar una entidad (colectividad considerada como unidad), que es la comunión de dos seres diferentes.

Yo debo prepararme, actualizarme, leer, saber un poquito de todo, saber lo que me multiplique el ser y aprovechar lo que tengo para ser mejor y compartirlo. Buscar nuevos caminos para empezar, como dice Santa Teresa, "de bueno a mejor". Muchas mujeres sabemos lo que nos enseña la TV, que nos lleva a ser... espectadoras, nunca protagonistas. Tenemos que realizar el papel principal de nuestra propia historia, vivir intensamente nuestro momento. Si voy al cine y cierro los ojos me perdí el espectáculo. He de contemplar el cielo, las estrellas, a mis hijos, asombrarme ante todo y sonreír al mundo, esa es la música del alma; y si estoy dispuesta a sonreír descubriré que todo desconocido es un amigo al que no me han presentado. Cuántas veces entramos al super con una actitud amistosa y el rostro amable, y quien nos ve corresponde aunque no nos conozca.

Hemos de sonreírle a la gente, hemos de sonreír a la vida y decir con Rabindranat Tagore: "Esta vida es una fiesta", y complementar su pensamiento diciendo: "... y yo la voy a disfrutar".

**La forma como yo perciba** mi realidad va a crear en mí una emoción y ésta generará una conducta y un estado de ánimo. En mis manos está ponerme los lentes claros para ver mi vida con esperanza y como un gran regalo, o ponerme los lentes oscuros para ver todo negro, del color de la desilusión.

## Para ti. ¿Qué es la felicidad?

Los acontecimientos, pensamientos y sentimientos generan respuestas. Percibimos la realidad por medio de nuestros sentidos y cada quien lo hace de diferente manera, según su sexo, su edad, su estado de ánimo, su estado físico, su propia historia, lo que le tocó vivir. Qué importante es cambiar nuestra forma de ver las cosas, porque la felicidad no es lo que me sucede, sino lo que pasa en mi interior. Matterlinck dice que "Para la mayoría de las personas lo que les sucede es lo que ilumina u oscurece su vida, pero hay personas que tienen una vida interior que ilumina todo lo que les sucede". Debemos descubrir esa luz, ser estrellas, tal vez no de cine, sino estrellas que brillen con luz propia, porque esa luz viene de dentro. Nuestro temor más profundo no es nuestra oscuridad, sino el miedo a brillar. Al mundo no le sirve que tú te sientas pequeña, a cada uno nos concedieron el objetivo de brillar, nacimos para manifestar la gloria de Dios. Nadie nos puede regalar la felicidad, hay que construirla; la felicidad es un camino que hay que recorrer, es una actitud, es el arte de transformar todo lo que tienes en alegría; la felicidad no está fuera, está dentro de ti.

**Metanoia,** cambio. Cambia tu forma de ver las cosas, cambia tu forma de pensar y así modificarás tus respuestas; si no cambias tus pensamientos y quieres modificar tus respuestas, será postizo tu actuar. Cambia tu manera de pensar: si tienes pensamientos positivos serás feliz, si tienes pensamientos negativos estarás siempre deprimida. Cambia tu manera de pensar, de verte a ti misma, de ver tu historia; no busques culpables, piensa que la única responsable de tu alegría eres tú. A veces le echamos la culpa a nuestros padres, a nuestros abuelos y vamos cargando un costal de traumas y resentimientos como aquel mercenario de la película la misión, o decimos: "Si yo hubiera tenido otra suerte, si no me hubiese pasado esto, si hubiera estudiado, si no me hubiera casado tan joven o si me hubiera casado", y el hubiera es el tiempo perdido del verbo haber. A veces nos equivocamos hasta en nuestra oración pidiendo: "¡Ah Señor! Cambia a mi suegra, cambia a mi marido, cambia a mis vecinos, cambia a mis hijos". Cambia tu forma de ver las cosas, cambia tus pensamientos y substitúyelos por el Evangelio, **entonces serás feliz.**

Lo decisivo no es lo que nos pasa, sino qué pensamos de lo que nos pasa; lo importante es pensar bien y así voy a decir como San Pablo: "Señor, ayúdame a actuar como pienso y entonces mi oración será mi acción".

Vamos a preguntarnos: ¿con cuánto cuento para ser feliz hoy? Seguramente nos asombraremos de lo mucho que tenemos y nos daremos cuenta que lo que tenemos basta para ser felices. Victor Frankl es un ejemplo. Estando en un campo de concentración, al levantar los ojos decía: "Nadie me puede quitar el privilegio de admirar el cielo". A veces estamos ancladas en lo que nos hace falta, que es mínimo y por ello dejamos de disfrutar todo lo que la vida nos ofrece; simplemente al contemplar un atardecer, una tormenta, una flor o una estrella podemos darnos cuenta que lo más valioso es gratis.

## Siempre que haya un espacio

*Siempre que haya un espacio*
*ama, sueña, detente,*
*oye el canto del viento*
*que murmura al pasar...*

*Mira el bello paisaje,*
*oye el canto del pájaro,*
*el cristal de la fuente;*
*mira el color del mar...*

*Tiñe tú de colores*
*con versos el momento;*
*cada minuto es Dios*
*que te sale al encuentro*
*en la dación perpetua*
*de su infinito amar.*

*El da canto a las fuentes*
*cristalinas las aguas*
*El las hace brotar,*
*te da soles y estrellas*
*y en todo está presente,*
*y el Universo entero*
*El es quien te lo da.*

María Evelia Monterrubio y Sáenz

CAPITULO 2

# La dignidad y la identidad de la mujer

El diccionario nos dice, MUJER: persona del sexo femenino, con diferencias físicas y psicológicas con el varón.

Podemos distinguir a un hombre de una mujer por sus características físicas. Bueno, ahora ya no es tan fácil: hemos de ser buenos observadores para darnos cuenta si la persona que está frente a nosotras es del sexo masculino o femenino, ya que ambos usan arete o aretes, el pelo largo y a veces ellos más cuidado y más brillante que el nuestro; pero en términos generales, poniendo mucha atención, podemos diferenciarlos por esas características físicas.

También nos diferencian las características psicológicas propias de cada sexo, la manera de actuar y de responder a estímulos, la forma de SER diferente.

Cuando vemos una obra de arte que nos asombra preguntamos: "¿Quién la hizo?" Cuando contemplamos un cuadro o una escultura maravillosa o leemos un libro que nos impresiona, intuimos que hay un creador detrás de esa obra majestuosa. Así, la mejor obra de Dios fue el ser humano y para conocerlo mejor debemos remitirnos al autor. El camino supremo para el encuentro de la identidad de la mujer lo tenemos en el pensamiento de su Autor. La Biblia, este libro que no es algo, sino alguien, nos lleva a contemplar como El mismo nos revela cuál fue su plan al crear a la mujer; así vamos descubriendo cómo fuimos pensadas, y vamos valorando nuestra propia identidad.

Y en algunas citas vamos a encontrar lo que su propio autor piensa de la mujer.

En Gen l, 27 leemos: "Hagamos al hombre a imagen y semejanza nuestra", aquí se toma al hombre como signo de humanidad, es decir, hagamos al ser humano, hombre y mujer, iguales en dignidad y, por esto mismo, iguales en valor.

En Gen l, 28: "Varón y mujer los creó", es decir, seres sexuados, con diferencias físicas y psicológicas. Y aquí empezamos a tener conflictos. A veces nosotras mismas minimizamos esa dignidad, cuando nace una niña hay comentarios como "¡ Pobrecita viene a sufrir ! Me hubiera gustado que fuera niño, las niñas sufren mucho". Antes era como un sacrilegio que el primer hijo no fuera varón; ahora sabemos que el sexo lo determina precisamente el hombre y por esto las cosas han cambiado un poco. Nos quejamos del machismo y somos las madres mexicanas las que formamos a los machos: no permitimos que ayuden en la casa, le decimos a la niña que haga las cosas, que le sirva a su hermano, que le planche la camisa porque él es ¡hombre!... y por ello no puede hacer esos trabajos; le vamos coartando la capacidad de ser autosuficiente, servicial, útil en la casa.

En Gen I, 28: "Creced y multiplicáos". Aquí le da al hombre y a la mujer la capacidad de amar y de participar en la creación de nuevos seres trascendentes, nos hace sus colaboradores.

En Gen 2, 18 dice Dios: "No es bueno que el hombre esté solo, hagámosle una compañera semejante a él". Aquí ratifica la dignidad de la mujer y establece la complementariedad: esas diferencias serán la riqueza que complemente al otro. Adán al descubrir a Eva como un ser diferente a él, dice: "Esta sí es carne de mi carne y hueso de mis huesos".

Imaginemos estas escenas: Dios, que es sabio y bondadoso, que contempla a Adán flaco, ojeroso, cansado y sin ilusiones, solitario, le ha regalado toda la creación y para poseerla le ha puesto nombre. Yo me quiero imaginar a Adán viendo pasar frente a él a todos los animales y, una vez que terminó de ponerles nombre, debe haberse preguntado: "¿Y ahora... qué?" Y Dios que es tan buena gente, dijo: "Pobre Adán, le voy a regalar a alguien como él, porque con los animales no podrá relacionarse de igual a igual". Y el relato nos dice que de una costilla, porque es lo que está más cerca del corazón, crea Dios a la mujer. Y ¿qué pasa cuando Adán despierta y descubre ni más ni menos que a Eva junto a él? La abraza y dice: "Esta sí es carne de mi carne y hueso de mis huesos, venga para acá" ¡Qué feliz debe haber sido Adán! Y así, para nuestros esposos, Dios nos creó a cada una de nosotras, y tal vez hemos de ayudarle a ese cónyuge a que nos descubra como un regalo también.

En Ecles 7,19 : "No faltes a la mujer sabia y buena, que su gracia vale más que el oro". La mayor sabiduría es la experiencia de Dios y la bondad se refleja en esa mujer que cumple con su misión.

Prov 18, 22: "Quien halló mujer, halló cosa buena, y alcanzó favor de Yahvé".

Prov 19,14: " Casa y fortuna se heredan de los padres, mujer prudente viene de Yahvé".

Ecles 36, 22-25: "La belleza de la mujer recrea la mirada y el hombre la desea más que ninguna cosa. Si en su lengua hay ternura y mansedumbre, su marido ya no es como los demás hombres. El que tiene una mujer, tiene el comienzo de la fortuna, una ayuda semejante a él y columna de apoyo. Donde no hay una mujer, gime un hombre a la deriva".

En Ecles 26, 1 nos dice el autor: "La mujer fuerte es el consuelo de su marido y lo hace vivir en paz". ¿Qué puso el Señor en ella para consolar y para ser instrumento de la armonía interna que da la paz? Somos el corazón de la casa, en el estado que nos haya tocado vivir, como casadas, o solteras, tenemos la capacidad de prodigarnos a los demás, de ser ese bálsamo de amor que alivie la pena.

La vocación de madres no sólo se realiza dando vida a otro ser físicamente, sino también espiritualmente, podemos hacer tanto bien y realizar el plan de Dios haciendo algo por los demás. Si no tenemos hijos propios, hay muchos niños que requieren de la ternura de la mujer. Hay orfanatos que necesitan una figura materna que cante una canción de cuna, que juegue con los niños porque las personas que los atienden no tienen tiempo de cubrir todos los aspectos de su formación, y es muy importante para un bebé sentir unos brazos maternales al tomar su biberón, estableciendo una simbiosis maravillosa que le dará seguridad y calor.

En Ecles 26, I: "Feliz el marido de mujer buena, el número de sus días se duplicará". La alegría que podemos transmitir da sentido a la vida de nuestro esposo, lo impulsa y anima, lo revitaliza.

En Ecles 26, 13-17 nos habla de la mujer hacendosa en relación con el trabajo del hogar: "Sol que sale por las alturas del Señor es la belleza de la mujer en una casa en orden". Damos ese toque de equilibrio cuando tratamos de que nuestro hogar sea un remanso de paz y alegría. También nos dice: "Es cosa que no tiene precio la mujer discreta, la mujer santa y recatada", "la gracia de la mujer recrea a su marido y su ciencia reconforta sus huesos", "antorcha que resplandece sobre el candelero sagrado es la compostura del rostro de la mujer en la edad madura", cuando se ha entendido la misión, cuando se ha cumplido con el plan del autor hasta el final. "Cimientos eternos sobre piedra sólida son los mandamientos de Dios en el corazón de la mujer" ¿Qué hay en nuestro corazón para que Dios haga esta afirmación? Tenemos esa disposición para las cosas trascendentes, nos preocupamos por superarnos interiormente, nos ocupamos en formar el corazón de nuestros hijos, tomamos cursos, nos interesa pertenecer a algún grupo de crecimiento, buscamos nuevos caminos y tratamos de ser mejores.

En Prov 31, 10-31 nos dice: "Una mujer completa es mucho más valiosa que las perlas, generosidad sin límite con los suyos y con el prójimo; es irradiación de amor profundo, amplio y fiel. Le produce el bien a su marido, se levanta cuando aún es de noche, hace cálculos sobre un campo y lo compra, con el fruto de sus manos planta una viña". Hoy, en el momento que estamos viviendo, nos identificamos con esa mujer fuerte del Evangelio que también tiene que colaborar en el aspecto económico de la casa, ya sea como administradora o en el trabajo que le reditúe un sueldo con el que contribuye a los gastos del hogar.

Y sigue describiéndola su Autor: "Se ciñe con fuerzas sus lomos y vigoriza sus brazos, siente que va bien su trabajo, no se apaga por la noche su lámpara". "En ella confiará el corazón de su marido." Este trasfondo psicológico engendra una escala de sentimientos entre los que están: La bondad y la ternura, la paciencia y la comprensión, la disposición a perdonar y el amor incondicional.

Y en el Nuevo Testamento, los cuatro evangelistas coinciden en que las mujeres fueron testimonio de fe, interioridad, trabajo y amor. Las mujeres del Evangelio fueron las que se portaron mejor en la pasión, incondicionales, sin miedo, solidarias.

## La mujer de antes distorsionó su propia imagen

Siendo más madre que esposa, con una sola finalidad, su hogar, casi incapaz de pensar, siempre sujeta a la familia. Recordemos aquellas bodas que concertaban los padres y que condenaban a la mujer a compartir toda la vida con alguien a quien no amaba. Sometida por los padres primero, después por el esposo, abnegada hasta el extremo, negando su propia dignidad, sin ninguna proyección en el desarrollo de la sociedad, incapaz de ser independiente en terreno económico, totalmente apoyada en el hombre, ignorante de sus legítimos derechos, religiosa y piadosa hasta ser mocha —porque mocho es precisamente a quien le falta algo— y a la mujer de antes le faltaba conocerse, aceptarse, amarse, pensar en ella y para qué había sido creada. Como un violín que construye Stradivarius y cae en manos de alguien que no tiene idea de qué es, lo usará para guardar su dinero, las cuerdas las utilizará para amarrar cosas y si el violín pudiera hablar protestaría diciendo: "No es esto para lo que fui creado, qué desperdicio, fui hecho para realizar una melodía y han distorsionado el plan de mi constructor".

## La mujer de hoy distorsiona también su propia imagen

Encontramos a la mujer intelectual, con múltiples finalidades antes que el hogar, cerrada a la vida, nunca hijos pronto o pocos, totalmente independiente, incapaz de llegar al sacrificio —éste lo toma como una tontería, como una debilidad, nunca como una fortaleza o como una cualidad—, no está dispuesta al perdón, invade terrenos masculinos, demanda muchos derechos, pero pocas responsabilidades. Un ejemplo claro lo vemos en el grupo "Católicas con Derecho a Decidir", un grupo de feministas que menosprecian al hombre, que declaran no necesitar de él, cerradas a la vida en una actitud materialista y egocéntrica.

A través de la historia se ha deformado el plan de Dios con respecto a la identidad femenina. La mujer de hoy habla de liberación confundiendo la libertad de... con la libertad para... es decir, la libertad de un ser humano pleno, que al saberse libre reconoce su misión y decide por sí mismo realizarla; con la libertad para evadir su responsabilidad, cayendo en el libertinaje.

Tiene intereses materiales, confundiendo ganancias con productividad. Quiere independencia, confundiendo la individualidad con irresponsabilidad frente a los compromisos cuya realización la engrandecen.

Su plantación masculina en vez de perfección en la misión propia. ¿Por qué invadir terrenos de ellos, si el nuestro es tan amplio?

Demanda una supuesta realización personal, confundiéndola con egoísmo destructivo de sí misma, de los suyos y de la sociedad.

Aquí recuerdo el libro La búsqueda de Alfonso Lara Castilla, que relata cómo va un hombre caminando por su granja, encuentra un huevo tirado, lo recoge y se da cuenta que lo acaban de poner y lo lleva adonde están las gallinas. Al poco tiempo, para sorpresa del granjero, de ese cascarón sale un aguilucho. El hombre se asombra de lo bien que se adapta a vivir en la granja, pero no acepta este destino para él, lo llama y le dice: "No te limites a vivir en un corral, a que el ambiente te domine, tú fuiste creado para volar". El aguilucho lo escucha, pero regresa al corral donde tiene su comida segura y a sus amigas gallinas. El granjero insiste muchas veces más, hasta que un día habla nuevamente con él: "No te conformes con vivir como una gallina, tú puedes alcanzar las alturas, atrévete, cumple con tu misión, despliega esas alas potentes que llevas escondidas, temerosas; es una lástima que no las ejercites para volar". El aguilucho entiende el mensaje, despliega sus alas e inicia su búsqueda. En esa búsqueda estamos ahora, tratando de encontrar el camino para ser mejores, reconociendo para qué hemos sido creadas.

## Cuál es la dignidad de la mujer actual según el plan de Dios

Igual al hombre sin competir con él, justipreciando su valor.

Con diversas funciones: ama de casa, esposa, madre, profesional o no, se prepara, está actualizada, es responsable ante Dios, ante los demás, ante sí misma.

Asume su maternidad con generosidad y según su situación y circunstancia, con responsabilidad, nunca con egoísmo.

Se interesa por la formación de sus hijos, consciente de su dignidad de esposa, compañera, colaboradora.

Es capaz de sujetarse por amor y porque ejerce su voluntad, es libre para entregar su libertad a Dios, al esposo, a los hijos y a las mejores causas.

Sabe amar, se entrega, se sacrifica, es abnegada, pero no sumisa, conoce esta diferencia, ella sabe que merece ser feliz.

Es prudente, con la verdadera prudencia de quien calla cuando hay que callar; pero habla, exige y actúa, anuncia y denuncia por el bien de los otros y del suyo propio cuando el momento es propicio.

Actúa e influye directa e indirectamente en el desarrollo de la vida social, política y económica, está enterada y actualizada, inmersa en su tiempo y en el lugar donde le tocó vivir.

Es capaz de ser económicamente productiva, es un apoyo en casos críticos, colaborando para solventar el gasto familiar.

Está preparada intelectualmente y actualizada.

Es auténticamente religiosa con una fe vivida, está ligada a Dios porque lo reconoce como fuente de su fuerza.

Es conocedora de sus legítimos derechos y también de sus obligaciones.

Por todo esto es capaz de ser colaboradora y compañera ideal del hombre y, con él, realizadora de la empresa común, de la formación de personas completas, útiles a la sociedad y ciudadanos del cielo. De no hacerlo a través del matrimonio, se abre al amor en instituciones, orfanatos, asilos, cárceles. Hay tanto qué hacer... aquí podemos alcanzar la realización de nuestras expectativas siguiendo el plan de Dios.

Nuestras diferencias enriquecen la convivencia y esta es la maravilla de la complementariedad: lo que yo soy y tengo, te lo doy, y lo que tú eres y tienes, me lo das, complementando así nuestra identidad, no sólo en la relación de pareja, si no en todas las relaciones humanas. Cada persona tiene tanto qué decir y mucho qué dar.

Veamos algunas diferencias entre el hombre y la mujer. Esta diferenciación no ha de tomarse en una forma estricta, ya que puede variar según la persona.

**En el orden mental:**

La mujer se orienta hacia el presente.
El varón se orienta hacia el futuro.

La mujer proyecta sus objetivos fundamentalmente hacia la familia.

En el varón sus objetivos son más amplios.

La mujer se da a los demás.

El varón es más egocentrista.

**En el orden intelectual:**

La mujer es más intuitiva, se deja llevar por corazonadas.

El varón tiene una mente lógica, discursiva.

La mujer tiene mayor capacidad para lo abstracto.

El varón para lo concreto.

En la mujer su juicio tiende a ser apasionado, simplista.

En el varón su juicio tiende a ser imparcial, no matiza sus opiniones.

La mujer en términos generales es consevadora.

El varón necesita de la innovación.

La mujer vive por credulidad y fe.

El varón vive generalmente de convicciones.

**En el orden de la voluntad:**

La mujer consciente o inconscientemente depende del varón.

El varón presenta mayor independencia.

La mujer está abierta al cambio.

El varón no cambia fácilmente.

En términos generales, la mujer tiene menos capacidad de mando que el varón (aunque no siempre).

En la mujer predomina la estabilidad, no así en el plano emocional. La mujer suele ser más conformista.

En el varón predomina un espíritu de progreso.

La mujer duda, cambia su acción, es indecisa.

El varón tiene aptitud para la aventura y la empresa.

La mujer, en muchos casos, tiene más responsabilidad y madurez que el hombre, que a veces se comporta como un niño grande.

**En el orden afectivo:**

La mujer tiene fuerte intensidad y continuidad en el amor.

El varón tiene intensidad moderada en el amor y con intermitencias.

En la mujer la vida sexual es más pasiva, predomina lo espiritual, por lo tanto, es más profunda, más soñadora.

En el varón domina lo sensual, su amor no es tan profundo.

La mujer es extremosa en su arreglo personal y a veces se eterniza en detalles.

El varón no dedica más tiempo que el necesario a su arreglo personal.

La mujer prefiere lo bello, lo bueno, lo agradable.

El varón se inclina más hacia lo verdadero, lo intelectual o científico.

El varón tiene mayor inclinación por lo práctico.

La mujer prefiere la naturaleza, el arte, lo espiritual.

El varón tiene menos capacidad de compasión.

La mujer es compasiva.

En la mujer predomina el sentimiento de venganza.

El hombre está más abierto al perdón.

La mujer no olvida y alimenta más el resentimiento.

El varón olvida y perdona fácilmente.

Para la mujer es fácil satisfacer su anhelo de felicidad.

El hombre aspira a cosas grandes y difíciles.

La mujer acepta, se resigna o supera fácilmente el fracaso o la desgracia.

El hombre no se resigna ante el fracaso y no supera fácilmente una pena moral.

La mujer vive fuertemente el deber conyugal.

El varón siente más el deber hacia la sociedad.

La mujer tiene mayor capacidad de disimulo, incluso de hipocrecía.

El varón generalmente es más sincero y sencillo.

La mujer tiene fuerte religiosidad, pero puede caer fácilmente en supersticiones, a veces vive sólo una fe social.

El hombre es más racional que afectivo, no gusta de devociones, es menos propenso a las supersticiones.

**En el orden de la acción:**

La mujer generalmente tiene poca resistencia para el trabajo pesado y monótono.

El varón tiene mayor resistencia física para el trabajo pesado y puede realizar la misma tarea durante todo el día.

La mujer resuelve situaciones difíciles con su feminidad, su apariencia personal y su astucia.

El varón tiene tacto para resolver situaciones difíciles con cálculo.

La mujer se adapta fácilmente al cambio del medio social, o a un grupo nuevo.

El varón tiene poca adaptabilidad si asciende o baja de posición, o si no conoce a las personas de algún grupo al que se enfrente.

**En el orden económico:**

La mujer gasta más en su arreglo personal, pues su guardarropa debe ser variado.

El varón generalmente no compra más de lo que necesita. El verdadero gasto del hombre está en la mujer, invierte más en ella que en su persona.

La mujer es más organizada, sabe economizar, busca ofertas.

El hombre es más práctico, compra lo primero que le gusta sin importarle el precio y no busca ofertas.

Estas diferencias no nos alejan, nos complementan para que, al convivir en pareja, se enriquezca nuestra relación. Nuestro punto de vista es diferente, nuestra forma de ver los acontecimientos, nuestra forma de ver la vida es diferente también. A veces queremos que el otro vea lo que nosotros percibimos y cómo lo percibimos, y nos inquieta e irrita que no sea así. Nuestra percepción es según desde el ángulo del que contemplamos, según nuestro criterio, nuestra psicología, nuestro momento anímico y todo esto será lo que le dé color a lo que vemos. Por esto hemos de trabajar mucho en la comunicación con la pareja, con la familia, con nuestros hijos.

Mi mensaje debe ser claro, veraz, breve, sincero, concreto, amable, no hiriente. Somos muy dadas a utilizar la ironía y esto cierra los canales de la comunicación, a veces rompemos a llorar o agredimos, otras le damos tanta vuelta al asunto que desesperamos a quien nos escucha; por esto a veces es recomendable escribirle al otro, porque así podemos pensar bien las palabras, corregir lo que no nos gustaría decir y ser asertivas en el planteamiento de lo que queremos transmitir.

Hemos de aprender a hablar desde los sentimientos. La mejor forma de tener una buena comunicación es hablar desde el corazón, preguntarle a los hijos, al esposo, a una misma ¿cómo te sientes? Para esto tenemos que conocernos, aceptarnos y amarnos: aceptar desde mi pelo, mi estatura, mi gordura, mi edad, mis defectos, mis cualidades y mi historia.

Las mujeres normalmente somos más rencorosas, tenemos recobecos, nos damos cuerda para sentir y resentir, tenemos una memoria privilegiada, somos capaces de acordarnos del día, el mes y el año en que nos hicieron o nos dijeron. El pobre hombre se asombra ante tal exactitud, él actúa y pasa a otra cosa, en la mujer permanece la impresión.

Queremos que nos lean el pensamiento; decimos: "Lo sugerí y no se le ocurrió". Es mejor decir directamente lo que se quiere, porque después los hacemos culpables de no usar correctamente una bola de cristal. También tendemos a interpretar, no tomamos textualmente lo que nos dicen y nos quedamos imaginando lo que nos quisieron decir, perdemos el control fácilmente y fácilmente también desatamos el drama rompiendo en llanto.

Es importante que conozcamos nuestro ciclo de ovulación, en el que se manifiestan las cuatro estaciones del año, pues en nuestro organismo hay cambios que nos hacen vivir la primavera y es cuando tenemos esa capacidad de amar, estar de buen humor, ser simpáticas, tener energía; nuestra expresión es distinta, hasta el peinado nos queda mejor. En verano esto es menor, en el otoño soy indiferente y en el invierno vuelvo a ser la bruja de la película: enojona y achacosa. Debo entonces conocer este ciclo, identificar cada estación, aceptarla y saberla controlar; Si me doy cuenta de lo que está pasando en mí, seré capaz de manejarlo mejor. He de conocer mi propia naturaleza para encontrar mi bienestar.

Debo también cuidar mi alimentación, hacer ejercicio, descansar. A veces esto me hace sentir culpable; tengo la responsabilidad de sentirme bien, para rendir mejor. Las mujeres acostumbramos dejar la visita al doctor para momentos críticos y comer cualquier cosa sin balancear nuestra alimentación; acabamos tan cansadas de todas nuestras "chambitas" que no tenemos tiempo para hacer ejercicio.

Tenemos que aceptar nuestra historia, nuestra propia cuna, ese padre borracho. Tal vez hubiéramos querido nacer en una familia diferente, incluso en otro país, pero debemos aceptarnos como mexicanas sin tomar poses de otros países. Conocernos, aceptarnos y amarnos siempre es la clave.

En todos los aspectos hay grandes diferencias entre el hombre y la mujer. Pareciera, como dice John Gray, que fuésemos de diferentes planetas: la forma de sentir y de actuar es distinta; pensamos, percibimos, reaccionamos, respondemos y amamos en forma diferente; a veces pareciera también que habláramos lenguajes opuestos.

Recuerdo cuando mi esposo y yo estábamos preparando nuestras Bodas de Plata. Yo estaba en una nube, como si fuera a casarme por primera vez, y por segundos se me ocurrían detalles e innovaciones para la gran fiesta. El quería que la misa de Acción de Gracias fuera en la iglesia donde nos casamos, yo quería que fuera en una capilla donde hemos tenido experiencias de encuentro y de conversión; él quería que tocara una orquesta de cámara, yo quería que mis hijos cantaran y que se le pusiera música a algunos poemas de mi madre; él quería que la fiesta fuera en un salón, yo quería que fuera en mi casa: quería recibir a todos aquéllos que nos habían acompañado en el caminar durante veinticinco años, ahí en donde habíamos construido el amor y el hogar. Diversidad en la forma de pensar, pero el espíritu era el mismo; los dos queríamos celebrar, sólo que teníamos puntos de vista opuestos.

Cuando somos capaces de conocer, respetar y aceptar nuestras diferencias, entonces el amor tiene la oportunidad de florecer.

*En lugar de ojos*
*me tocaron dos estrellas,*
*en vez de cerebro,*
*música y sueños.*

*Tal vez por eso sea*
*que vemos las cosas*
*de muy distinta manera;*
*no las veo yo desde tus ojos,*
*no las ves desde mis estrellas.*

*Quizá el viento juegue distinto*
*con las velas que desplegamos,*
*o tal vez sea muy diferente*
*el ritmo interno que escuchamos.*

*No sé...*
*Tal vez en vez de ojos,*
*me tocaron dos estrellas,*
*fluya hierba verde y fresca;*
*sólo te pido que aceptes*
*que vemos las cosas y la vida*
*de muy distinta manera.*

CAPITULO 3

# Cómo organizar el tiempo

En el capítulo anterior descubrimos ya la riqueza que hay en nosotras, cómo hemos sido pensadas para grandes empresas y nos han salido alas para alcanzar las alturas. En este capítulo hemos de aterrizar y contemplar aspectos prácticos de nuestra vida.

Vivimos insertadas en el tiempo y en la época que nos está tocando vivir. Todo es profesional, por eso hemos de ser profesionales en nuestro hogar comparándolo con una gran empresa. Nuestra labor es muy importante; qué agradable es llegar a una casa donde hay orden, donde se respira amor, paz, tranquilidad y armonía.

Nuestro tiempo equivale a vida y el orden multiplica el tiempo. Todo lo que hacemos nos debe proyectar hacia la trascendencia, hemos de llenar ese espacio que es la temporalidad y valorar el privilegio de estar en este mundo realizando cosas grandes, que no necesariamente han de darnos fama y fortuna, sino la satisfacción de haber cumplido nuestra misión.

Por tener mucho trabajo o no organizarnos se van posponiendo cosas importantes que, en ocasiones, nunca se realizan. Cuando empieza un nuevo año a veces decimos: "¡Un año más! ¿Qué vendrá?" Sentimos un gran vacío por no saber llenar nuestro tiempo haciendo cosas importantes y, a veces, cuando tenemos muchos pendientes, nos sentimos agobiadas y no sabemos por dónde empezar. Los niños sienten una gran alegría cuando estrenan sus útiles para el colegio, con qué entusiasmo dicen: " En este cuaderno no voy a tachar, voy a hacer bonita letra, no voy a arrancar las hojas y voy a tratar de sacarme dieces para que al final lo pongan en la exposición". Al poco tiempo el cuaderno está hecho una baraja, con gatos, timbiriches, taches y ceros. Dios nos regala cada día primero de enero un cuaderno de trescientas sesenta y cinco hojas. También decimos: "Este año voy a realizar todos mis propósitos pendientes" y, por ahí de febrero, ya olvidamos que queríamos que nuestros hechos estuvieran también en la exposición por ser triunfadoras en el arte de vivir.

El organizarnos en nuestras tareas nos hará tener orden interior, paz que se reflejará en nuestro semblante, en nuestra actitud y en nuestro modo al relacionarnos con los demás, hará que nos rinda más el tiempo y seremos más eficaces.

En otra época, al decir ama de casa, pensábamos en la persona cuya misión era el orden del hogar, esto implicaba atención a la comida, ropa, aseo de la casa y atención a los hijos. Nuestras abuelas con los ojos organizaban todo porque tenían personas de servicio que les ayudaban en estos quehaceres. Sin embargo, la mujer comenzó a participar en la administración de los gastos familiares, empezó a salir más a la calle para hacer una serie de trámites como pagos de colegiaturas, luz, teléfono, impuestos y mil cosas más. Ahora deberían de celebrarle a la mujer el día del taxista en lugar del día de la madre; a veces pasamos más tiempo en el carro que en la casa.

Antes había un médico familiar al que se le hablaba y él iba al domicilio; ahora hay que ir al especialista, al dentista, al ortodoncista, al ortopedista, y hacer antesalas interminables que nos hacen perder el TIEMPO. También vamos al catecismo, al karate, a la terapia, al ballet, a las juntas de padres del colegio; llevamos a los hijos a todo tipo de clases, y a veces nos complica más la vida la falta de personal de servicio que nos ayude en las labores del hogar.

Más tarde, viene un cambio que nos pide participar con el esposo en grupos, en movimientos. Esto implica tomar cursos, asistir a conferencias, lecturas, retiros, comunidades, etc.

Actualmente, nos encontramos con la esposa-profesional que quiere continuar estudiando, ejercer su profesión y ayudar con los gastos familiares. Todo esto requiere TIEMPO...

¿Realmente cómo podemos con tanto?

Debemos organizar nuestro tiempo y revisar las actividades que tenemos, para ver si todo lo que hacemos es necesario y si llevamos a cabo todo lo necesario.

Como primera sugerencia, debemos pensar en llevar una agenda donde anotaremos nuestras actividades por semana, quincena o mes, las actividades que son fijas, que ya están establecidas. Anotaremos también las de cada día. Esta costumbre ayuda mucho psicológicamente, pues nos da tranquilidad saber que nuestros pendientes ya están anotados en un papel, lo que nos permitirá tenerlos presentes y no olvidarlos; es necesario incluir en nuestras actividades, algo que hagamos en nuestro beneficio. Debemos poner primero lo que nos cueste más trabajo, las citas con el doctor, los encargos del esposo. Desde la tarde anterior, debemos escribir lo que hemos de hacer al día siguiente por orden de importancia.

Por ejemplo, planear la limpieza de la casa si no tenemos servicio, cada día hacer algo para que, al finalizar la semana, esté lista: un día aspiraremos, otro día limpiaremos los baños, otro la cocina y el comedor, otro día lo dedicaremos al lavado y planchado de la ropa y otro para ir al "super". Es recomendable tener un día fijo para ir a éste, y comprar siempre en el mismo lugar para no perder tiempo buscando las cosas; es aconsejable también ir al "super" después de comer para no comprar más de la cuenta; es bueno llevar una lista en donde se anote durante la semana lo que se va terminando, para comprar solamente lo que hace falta y no cosas superfluas o sólo porque están en oferta. Cierta austeridad en esta época nos hará economizar y pensar también en los que necesitan nuestro apoyo. Hay unas tarjetas de ayuda a los que no tienen nada, podemos incluir una para compartir algo con nuestros hermanos.

También podemos programar nuestras comidas, por sencillas que sean, haciendo menús semanales, por quincena o por mes. Si programamos nuestras comidas, seguramente serán sabrosas, sanas, nutritivas y económicas. Se nota cuando una comida está hecha con amor y no sólo por salir del paso.

Para la comida diaria se puede, desde el día anterior, planear el menú de acuerdo con lo que hemos comprado, sacar lo necesario del congelador y los trastos que se van a utilizar, incluso adelantar algo. Habrá momentos en que podamos cocinar uno o dos platillos que sea posible congelar para alguna emergencia.

Si cocinamos después del desayuno, podemos recoger la cocina, poner la mesa, dejar la jarra de agua en el refrigerador, la salsa lista y el postre en un platón, para no llegar de la calle con el tiempo encima.

Con una agenda sabremos qué llevamos a la tintorería y la fecha.

Debemos anotar cuándo tenemos que hacer pagos.

Mi agenda será mi secretaria particular y la más eficiente, me recordará todo; por ejemplo, si llevé un platillo a una reunión sabré donde dejé mi platón, o si presté un libro o algún otro objeto sabré a quién.

Ya que yo estaré incluida en esa agenda haré una escala de valores para pensar en mi superación personal, espiritual, moral y física. Esto me llevará a dar más y a hacer más felices a los que viven conmigo.

Buscar un grupo de formación que me ayude espiritualmente y leer, asistir a eventos culturales, me dará capacidad para conversar, he de cuidar mi apariencia física y desarrollar mis habilidades haciendo algo que me guste: pintar, practicar la jardinería, coser, escribir, etc., en las Casas de Cultura de cada Delegación Política hay un sinfín de opciones para realizar alguna actividad de éstas.

También debemos abrirnos a los demás, pensar en nuestros padres, que nos dieron la vida y su vida, fomentar el cariño y el respeto de nuestros hijos hacia los abuelos; viéndonos a nosotros cariñosos con ellos, estaremos sembrando para nuestra propia vejez.

Podemos darle también un poquito de nuestro tiempo a tanta gente que necesita una palabra de aliento. Los asilos, "antesala de la tumba", como les llamaba Ema Godoy, están llenos de viejitos que esperan una visita, una caricia. En los orfanatorios hay también mucho qué hacer, hay programas de alfabetización, en fin, cada quien sabrá en dónde servir. Esto es importante: nos hará sentir que valió la pena pasar por este mundo. Si cada uno nos avocáramos a ayudar a alguien, podríamos cambiar la situación de nuestra gente, haciendo una sociedad más justa.

Tener actividades variadas ayuda al equilibrio psíquico de la mujer, sobre todo en determinadas épocas de la vida cuando nos vamos quedando solas porque los hijos han crecido y, en caso de viudez, podemos llenar nuestra vida dándonos a los demás.

Hemos de acostumbrarnos a sonreír y saludar a la gente en forma amable, al señor de la basura, al del gas. Si sonreímos descubriremos que cada desconocido es un amigo a quien no nos han presentado.

Es importante tener atenciones para la familia política y para la propia, o bien para los amigos. En nuestra agenda hemos de anotar las fechas de cumpleaños y aniversarios. Es tan bonito recibir una llamada de alguien querido en una fecha especial. Así estaremos presentes por lo menos una vez al año y no nos pasará que cuando se muere la gente decimos: "Nunca le demostré cuánto lo quería". Recordemos el pensamiento de Anamaría Rabatté: "En vida hermano, en vida".

Nos deja una gran satisfacción promover a las personas que trabajan con nosotros. Jesús oraba a su Padre diciendo: "Señor no permitas que los que me has dado se pierdan". Dios nos los ha confiado: que no se vaya nunca nadie sin que hayamos puesto algo en su corazón, enseñemos lo que podamos con cariño, sin pensar que después se van a ir, que fue tiempo perdido y no te lo van a agradecer. Hay una frase de un poema de mi madre que me aclara esta cuestión "El que no haya hecho ingratos en la vida, no practicó jamás la caridad". La caridad es el amor que ponemos en enseñar a quien no ha tenido la misma suerte que nosotros y, el hacerlo, será nuestra recompensa.

Otro aspecto que hemos de cuidar es saber disfrutar la vida buscando distracciones, hacer fiestas sorpresa, celebrar todos los acontecimientos, jugar por ejemplo lotería o maratón con nuestros hijos, esto hace que tengamos buen humor. La comunicación se rompe cuando la familia se instala frente a la televisión; hemos de propiciar la unión de la familia, la convivencia nos acercará a los que amamos. También podemos formar un grupo de amigas para jugar, sin que esto afecte el cumplimiento de nuestras obligaciones, hacer reuniones familiares con dinámicas que nos dejen una enseñanza y nos proporcionen distracción. La ludoterapia es la terapia del juego y ayuda a liberar tensiones.

Hemos de pensar en imprevistos y no perder la paciencia si las cosas no salieron como se habían planeado.

También debemos ser ordenadas, pero flexibles; que el orden sea un medio no un fin que moleste a nuestra familia.

El primer paso será revisar cómo andamos en este aspecto. A veces exigimos a los hijos que hagan lo que nosotras no somos capaces de hacer; si yo quiero que mis adolescentes sean ordenados he de serlo yo primero. Para dejar de ser desordenada, el primer paso es darme cuenta y aceptar que lo soy.

El desorden interno sale al exterior. Hagamos un ejercicio: si reviso mi bolsa y veo todo lo que cargo, me daré cuenta que traigo cosas "por si" las necesito, o pensando en tragedias o en simples accidentes que nunca llegan y pienso que cargo esto porque soy precavida. A veces en mi bolsa pueden encontrarse los objetos más extraños: los frenos de mi hijo, tres encendedores aunque no fumo, "por si" alguien que fuma los necesita; cuatro plumas "por si" una me falla; la dentadura de mi mamá que dejó en mi casa "por si" paso por la suya; los lentes de mi amiga; puedo cargar un sinfín de medicinas "por si" alguien se siente mal. ¿Por qué cargar tanto que no me sirve? Cargamos el mundo, cargamos más de la cuenta; por eso nos duele la espalda y el ciático y la vida. Siempre estamos cansadas cargando lo que no nos corresponde y debieran cargar otros. Llevamos a cuestas desde las mochilas de los hijos hasta los problemas de todo el mundo. Hay que soltar lo que no nos sirve, lo que no es nuestro para que el equipaje sea más ligero.

Algo que sí nos corresponde es estar al pendiente del colegio de los hijos, ayudándoles en la base para su futuro, atenderlos en el aspecto salud, vitaminas, alimentación adecuada, horarios de comidas y sueño; que tengan un lugar fijo para hacer la tarea, enseñarlos a estudiar y a consultar la enciclopedia, que no se llenen de actividades, que colaboren en las tareas de la casa. Para esto podemos elaborar un reglamento familiar en un ambiente agradable y que cada uno elija su propia tarea, de esta manera se responzabilizarán de ella. Estamos acostumbradas a que nos vean como la supermujer, y entonces mi esposo me pide que vaya al notario, que deposite en el banco y que le mande su traje a la tintorería; mi hijo me pide que le compre un libro, mi hija me encarga un pastel que debe llevar al colegio, mi hijo el más chico quiere que le lave su uniforme de fútbol porque hoy tiene juego. Por ser tan eficiente viene el golpe del nido vacío cuando se van, porque todo lo hacía yo y era todo lo de los demás y no lo mío. Cubrir las expectativas de otros desgasta. Por esto he de hacer cambios y dejar que cada quien realice sus cosas.

También he de aprender a descansar. Esto es vital: relajarse unos minutos o cambiar de actividad, descansando no perdemos tiempo, sino liberamos tensiones y el ambiente de la casa será más saludable. A veces nos sentimos culpables si descansamos o hacemos algo que nos gusta. La oración es un buen medio de relajación, es como una tarjeta de crédito: entre más firmamos, más crédito nos dan. Es igual con la plegaria entre más oramos más fortaleza tenemos.

Siempre debemos cumplir nuestros propósitos. La eficacia es amiga del orden y trae consigo la paz y la tranquilidad. A los hijos debemos acostumbrarlos al orden, que vean su casa bonita, con flores, con detalles, con una mesa bien puesta. Algún día podemos hacer una comida o cena especial diciéndoles que van a venir nuestros mejores amigos, y cuando ellos crean que esas personas importantes nos dejaron plantados, invitarlos a tomar sus lugares diciéndoles que son ellos los mejores amigos de sus papás.

De vez en cuando arreglar cajones y archivos; en éstos debemos tener actas de nacimiento, fe de bautizos, certificados, tenencias, pagos, recibos de luz y de teléfono, copias fotostáticas de los papeles importantes. Un archivo nos ayudará a tener en orden estos documentos que a veces nos pide el esposo y nos volvemos locas buscando.

Hemos de tener orden también en lo que se refiere a la economía familiar, hacer un presupuesto mensual de los gastos fijos: colegiaturas, hipoteca, gasolina, luz, gas, teléfono, tarjetas de crédito y éstas usarlas con discreción. Tratar de ahorrar para algún imprevisto o vacaciones.

Es importante tener un seguro y hacer un testamento justo para no dejar desunión en la familia.

Debemos enseñar a los hijos a ser generosos, que aprendan a dar para que puedan darse, que sepan desprenderse de algún juguete para otro niño, o de la ropa que ya no se ponen. Cuando arreglemos los clósets, la clave es ver la ropa que no nos hemos puesto en un año, regalarla, pues no usarla en tanto tiempo demuestra que nunca te la vas a poner.

En el universo hay un orden y por eso funciona tan bien, pongamos orden en nuestra vida.

Hagamos un balance para realizar bien lo que hacemos, marquémonos metas, preguntémonos: "¿Cómo me veo dentro de diez años? ¿Cómo me veo con mi esposo, ese compañero al que elegí un día para compartirlo todo, con mis hijos ya grandes? ¿Qué relación quiero tener con ellos? ¿Cómo veo también mi casa?" Pensemos que la vida es el mejor de los regalos y que lo que nos tocó vivir es el medio para nuestra propia santificación. Todos tenemos una misión, debemos abrazarla y realizarla con alegría, pensando que hemos sido invitados a la fiesta de la vida.

*En la prisa del tiempo, codo a codo,*
*me propongo cumplir el cometido;*

*no quiero lamentar el bien perdido,*
*por ello entrego con amor el todo.*

Pbro. Gustavo Couttolenc Cortés

## Comunicarnos

He de establecer una buena comunicación con el mundo y conmigo misma para que exista armonía entre lo que está fuera de mí y lo que está dentro. El orden y la comunicación son dos puntos que se entrelazan para mejorar nuestro estilo de vida.

No siempre podemos transmitir lo que queremos, a veces esperamos que nos lean el pensamiento, o que sepan interpretar lo que queremos.

La comunicación es un regalo maravilloso, el lenguaje hablado es un don que sólo se le dio al hombre y cuando nos ocupamos de conocer nuestro lenguaje y sabemos manejarlo tenemos un medio para acercarnos al otro, para expresar nuestros sentimientos, nuestros pensamientos, nuestras ideas y nuestros conocimientos. A través de la palabra hablada o escrita podemos realizar la misión del ser humano: dejar huella en el corazón de quienes nos han conocido.

Existe otro tipo de lenguaje no verbal, el lenguaje de los gestos, todo aquello que reflejan el rostro, las manos, el cuerpo y que tiene que ir en sintonía con lo que se dice.

La palabra nos acerca o nos aleja del otro, nos hace participar en la familia, en el grupo, nos hace aportar a los demás un poco de lo que somos. Ya lo decía Aristóteles: "Habla para que te conozcan"

Para mí comunicar es parte de mi vocación, comunicar mis conocimientos enseñando al que no sabe, ya que siempre he pensado que entre más se recibe, más se tiene necesidad de compartir.

Comunicar valores a mis hijos, más que por medio de la palabra con la vida misma.

Comunicar mis experiencias, tal vez ayude a alguien a no tropezar, o pueda aliviar su pena.

Comunicar mi fe para que a través de ella alguien conozca a Dios, lo ame y lo imite; transmitir que el Evangelio se vive y puede vivirse.

Comunicar mis sentimientos, para que los demás sepan lo que valen para mí.

Comunicar mis vivencias en la alegría y en la tristeza, para alentar o para ser consolada. Yo estoy convencida que el sufrimiento nos hace fuertes para ayudar a otros, comunicando que se puede sonreír siempre, que se puede ser feliz no porque, sino a pesar de...

Comunicar vida siendo partícipe de la creación de seres trascendentes y ayudando a vivir a otros.

Comunicar alegría y paz, armonía y amor.

Yo TRATO de que mi comunicación con todo el mundo sea la sonrisa.

TRATO de que mi comunicación con quienes se acercan a mí sea la atención y el afecto, al hacerlos sentir importantes y que se lleven algo de mí en su corazón.

TRATO de que mi comunicación con Dios sea de escucha constante. Cuando me atrevo a hacer un silencio interior, El me habla más claramente y es cuando digo con San Agustín: "Hermosura siempre nueva y siempre antigua, yo te buscaba fuera y estabas dentro de mí". Yo hablo mucho de El y El me responde cada día a través de los acontecimientos, a través de un amanecer luminoso o de una noche plenilunada, de una tormenta, de una flor o de una estrella. Me habla viendo los ojos de mis hijos, a través del amor de mi esposo, al contemplar el cielo y al contemplar a un niño. Me habla en el sufrimiento para que me una a su cruz y en la alegría para que levante los ojos al cielo. Me habla a través de los que limpian parabrisas, o a través de un drogadicto. El quiere que yo lo descubra y lo escuche ahí, donde me cuesta trabajo. Me invita a que le cuente todo, a que tenga una estrecha comunicación con El porque El es la PALABRA.

TRATO también de que la comunicación con mis amigos sea profunda, algunos me confían sus secretos y yo trato de guardarlos en mi corazón.

Mi comunicación con la naturaleza es a través de la contemplación y del asombro, el canto de los pájaros, los árboles. Si yo no hubiera sido persona, me hubiera encantado ser un árbol, un árbol cuyas ramas dieran sombra, en las que pudieran hacer sus nidos los pájaros del cielo, o que sostuvieran un columpio para que se meciera un niño,

La comunicación conmigo misma es la búsqueda. Me pregunto hacia dónde voy para no perderme, me pregunto qué quiero para escuchar mi corazón, me pregunto qué siento para conocerme mejor, me pregunto qué pienso para captar mi razón, me pregunto qué amo para estar cerca de los seres humanos, me pregunto quién soy para llegar a Dios.

Cuando medito sobre todo esto me doy cuenta que no puedo ser una mujer aislada, que no puedo cerrarme al mundo porque pierdo la oportunidad de escuchar y aprender del universo. Cada ser humano me enseña algo: desde el niño de la calle que me comunica la necesidad de compartir, hasta el violador que me comunica la necesidad de perdonar; desde el hombre que me comunica la necesidad de convivir, hasta Dios quien me comunica que soy su imagen y debo reflejarlo.

CAPITULO 4

# ¿Soy domadora o educadora? ¿Los gozo o los sufro?

Formulémonos estas preguntas y una más: ¿Mis hijos son para mí una carga o una bendición? Si de chiquitos eran tan lindos... ¿qué pasó, por qué cambiaron, qué o quién lo hizo cambiar?

Recordemos los dos elementos que integran la personalidad: el temperamento, que es todo lo heredado y el carácter, que se forma según el medio en el cual nos desenvolvemos. Aquí descubrimos que el niño aprende a ser cariñoso u osco, correcto o incorrecto, ordenado o desordenado, etc.

Toda conducta tiene tres pasos:

1. Querer, la voluntad de hacer algo.
2. La conducta misma.
3. Las consecuencias.

Las conductas se repiten por sus consecuencias, es decir, se siguen realizando y se aprenden por lo que resulta de ellas. En psicología llamamos a las consecuencias reforzadores. Si reforzamos una conducta se repite, se mantiene. Hay reforzadores negativos y positivos: el mal trato, los golpes y los castigos son reforzadores negativos que establecen una relación dolorosa. El niño aprende que si se porta bien no le hacen caso, pero que con su mal comportamiento prende el robot y sus papás le ponen atención.

A veces destruímos a los hijos poniéndoles etiquetas o insistiendo en conductas negativas; por ejemplo, un papá a quien le inquieta que su hijo pueda tener tendencias homosexuales y exalta éstas ridiculizándolo constantemente. Esto reforzará tales conductas y, lejos de extinguirlas, provocará que se repitan con mayor frecuencia.

La atención es uno de los reforzadores más grandes que existen, tan importante como el alimento que se le da al niño para que crezca sano y fuerte; por esto es vital el contacto físico que tengamos con él. El sentirse aceptado, querido, parte de un grupo, lo va a hacer tener seguridad y crecer como ser humano.

Existe una escala de reforzadores que van en orden de importancia.

**Reforzadores primarios**. Los que llenan nuestras necesidades básicas, los que necesitamos para vivir: alimento, vestido, descanso; éstos no los vamos a usar para cambiar conductas, pero sí los podemos manejar como estímulos. Por ejemplo: "Mientras haces tu tarea, te voy a preparar el postre que más te gusta, voy a cocinar tu comida preferida para celebrar esta boleta tan bonita"

**Reforzadores materiales**. Juguetes y regalos pueden ser utilizados como estímulos para reforzar conductas positivas, pero no recurriremos a ellos como único medio de crear buenos hábitos, ya que se puede caer en la manipulación: "Si me das, te doy"

**Reforzadores de actividad**. Lo que les gusta hacer: ir al cine, a un día de campo, a una fiesta; jugar béisbol, fútbol o tenis; salir a jugar con sus amigos, etc. Este también es un medio de estimular.

**Reforzadores simbólicos**. Estos son utilizados frecuentemente en las escuelas: pertenecer a la escolta, estar en el cuadro de honor, ser abanderado, una estrellita en la frente, el dinero y las mismas calificaciones son reforzadores simbólicos. El dinero es uno de los más fuertes.

**Reforzadores Sociales**. El saludo: saludamos porque obtenemos una respuesta. La atención: si estoy hablando con alguna persona y ésta me presta atención está reforzando la conversación. Estos reforzadores van a derivar en la conducta educada: si saludas y no te contestan, no vas a volver a hacerlo; los hábitos de aseo y de usar ropa se adquieren como un reforzador social para ser aceptados.

**Reforzadores intrínsecos**. Son los más importantes, están implícitos en la conducta misma, no aparecen por obligación, o porque así se usa, sino porque encontramos satisfacción en lo que hacemos. Cuando logramos que este reforzador mueva al niño hemos triunfado. Por ejemplo el que se sienta feliz por sus calificaciones y no pida recompensa por ellas, las mismas calificaciones son su alegría y su mayor premio.

Los reforzadores son las consecuencias de una conducta y por ellos las conductas se repiten.

Debemos diferenciar esta escala de reforzadores del chantaje, pues se corre el riesgo de condicionar al niño a que actúe por la recompensa.

## Ser testigos

Somos imagen de Dios y esto nos obliga a dar testimonio de El. Dar testimonio significa ser testigo del amor de Dios en el mundo y esta misión se inicia en la familia, es mostrarles a los hijos que el Evangelio se vive y puede vivirse, es ser un reflejo del amor de Dios para ellos, es decir, que a través de nosotros nuestros hijos sientan y conozcan su amor, lo amen y lo imiten.

Es testigo el que puede decir: "Yo lo vi, yo lo conozco, lo he experimentado en mi vida, sé qué piensa y qué espera de mí".

Algunas de nosotras lo aprendimos por el "testimonio" que nos dieron nuestros propios padres, por lo que vivimos con ellos, por todo aquello que nos trasmitieron, por los valores que se vivían en nuestra familia, por la fe que un día pidieron para nosotros a través del bautismo.

Otras hemos de encontrar la manera de educar y formar el corazón de nuestros hijos realizando nuestra propia búsqueda, y esto tiene un gran mérito, el mérito de la voluntad. Así nos encontramos tratando de hallar pistas para ser mejores y esto lo notan los hijos. Yo me acuerdo cuando, hace quince años, entré en un grupo de formación, en el que sigo, y los miércoles llegaba a mi casa y trataba a mis hijos con muy buen modo y les daba las gracias y les pedía las cosas por favor y se me quedaban viendo... Esa suavidad en el trato era nueva para ellos, que estaban acostumbrados a ver a una mamá acelerada, cansada, una mamá gendarme, y me preguntaban: "¿Fuiste a tu grupo, verdad?" Yo me ponía feliz pensando: "¡Qué bueno, por lo menos hoy se me nota! Aunque mañana vuelva a ser la misma bruja de todos los días, por lo menos un día se empieza a notar una transformación". Ellos se daban cuenta de mi LUCHA por ser mejor, por alcanzar ese cambio que a veces tiene que ser radical como el del aguilucho aquel de nuestro cuento. Pero me dirán: "No es fácil, yo sé que debo ser mejor, sé que quiero ser mejor, pero son tantas las cosas que me atan: la sociedad, los prejuicios, la situación económica, los compromisos, el prestigio, la crisis, tantas actividades y tantos roles; el deseo de tener antes que el de ser, hace que cambie el sentido de mis alas y caigo y vuelvo a levantarme. En esta lucha nos encontramos y en esta lucha nos observan nuestros hijos, que aprenderán con nuestras actitudes a manejar sus problemas con paz. Nos mirarán cómo tratamos al más importante, pero también al más sencillo, a nuestros trabajadores, a la muchacha del servicio; verán cómo recibimos el éxito pero también el fracaso. Ellos nos observan siempre, hasta en la forma de manejar estamos formándolos. A veces vamos en el carro y nos peleamos con la gente, insultamos o simplemente criticamos a todo el que se nos cruza y después predicamos que hay que respetar a todo el mundo. Nos escuchan hacer comentarios negativos de la gente, del trabajo, del clima; desde que amanece nos quejamos de todo, en lugar de dar gracias por el regalo de la vida. A veces castigamos al hijo porque nos ha dicho una mentira y lo amenazamos con los peores augurios si lo vuelve a hacer, suena el teléfono y le ordenamos que diga que no estamos en casa. Igual cuando los hijos se pelean: en un sermón interminable predicamos que los hermanos deben quererse, cuidarse, perdonarse, estar unidos y la mamá que está aleccionando hace años que se peleó con la hermana y no le dirige la palabra. El niño entra en una confusión entre lo que ve y lo que escucha, entre lo que hacen sus papás y lo que le exigen que haga él. Siempre seremos libros abiertos en los que han de aprender, por esto es importante que seamos congruentes y que nos preparemos para dar un buen testimonio, a fin de poder responderles cuando tengan dudas, cuando se presente una crisis de fe o de valores, cuando nos pregunten ¿por qué hay niños que nacen con problemas? ¿Por qué tanta injusticia social? ¿Por qué los pobres y los ricos? Los adolecentes tienen muchas preguntas, pero también muchas respuestas, y si no podemos disipar sus dudas, iremos decreciendo ante ellos y buscarán fuera de su casa una explicación. Por esto debemos prepararnos.

A Napoleón Bonaparte, el generalísimo, le preguntaron: "¿Cuándo hay que empezar a educar a un hijo?" "Veinte años antes de que nazca" contestó. Empezar por nosotros, ya que nadie puede formar el corazón de un hijo como sus propios padres, ni los maestros, ni los catequistas, ni los sacerdotes. Nosotros, con nuestra propia vida, hemos de educarlos, tomando en cuenta que educar no es introducir hábitos, introducir conceptos o ideas; educar viene del vocablo latín *educare* que significa desarrollar las facultades, sacar de... hemos de ayudarlo a sacar todo ese potencial que ya trae. A Miguel Angel Buonarroti, el gran Miguel Angel, le preguntaban cómo había realizado la maravilla de su David y él contestaba: "El David ya estaba ahí, sólo había que quitar lo que le estorbaba, quitar el mármol que le sobraba para que pudiera surgir la obra de arte". Nosotras también hemos de quitar lo que estorba para que nuestros hijos surjan y lleguen a ser triunfadores. Por esto es importante prepararnos, por esto es importante actuar bien. Ellos aprenderán a vivir si establecemos un ESTILO DE VIDA en el cual se ejercite el amor, la armonía, el perdón, la alegría. Recordemos que se enseña a amar amando, se enseña a perdonar perdonando y pidiendo perdón.

Yo recuerdo que cuando era niña, si me caía, mi mamá no iba a levantarme y a quitarme el dolor; simplemente me acompañaba y me decía: "Sácale provecho, ofrécelo, si de todas maneras te va a doler, sé inteligente y que tenga sentido y fruto tu dolor". Pero realmente entendí esto y lo aprendí viéndola a ella ofrecer sus enfermedades, sus operaciones, sus penas y también sus alegrías. Cuando llegó el momento de poner en práctica estas lecciones, fue cuando más la bendije y por esto puedo decir que EL NIÑO APRENDE LO QUE VIVE Y VIVE LO QUE APRENDE.

## Despensa emocional, espiritual, psicológica

Así como nos preocupamos porque nuestros hijos estén sanos y fuertes y pensamos que deben comer carne, huevos, leche, fruta y verduras, así hemos de ocuparnos de tener una despensa psicológica-espiritual, una despensa emocional que los fortalezca interiormente. Nos preocupamos por crear muchachos atléticos y nos importa mucho su crecimiento físico, aunque espiritualmente se quedan enanos. Hemos de darles también alimento para que interiormente crezcan. Es muy sencillo recordar esta despensa porque los cuatro ingredientes empiezan con la letra A.

**Primero. El AMOR:** este tiene que ser muy parecido al amor de Dios, debe ser incondicional. Es ese amor que dice no te amo porque, sino a pesar de... no te amo porque seas el más educado sino a pesar de que no lo eres; no te amo porque obtengas sólo dieces en el colegio, sino a pesar de tus ceros; no te amo porque seas el más bonito, sino a pesar de que te pareces a mí... Te amo siempre, en tus triunfos y en tus fracasos. Lo peor que podemos decirle a un hijo es que no lo queremos, esto crea en él una gran inseguridad. Igualmente negativo es culparlo a él de nuestros problemas, de la crisis, hacerlo sentir una carga o algo desagradable en nuestra vida; tenemos que darle la seguridad de nuestro amor incondicional, ese amor que no es un premio, sino un regalo. Por eso decirle que lo amas le dará seguridad y alegría. Yo he trabajado con madres solteras y con adolescentes, y la mayoría de las chicas que solicitan terapia lloran manifestando mucho dolor y dicen: "Es que mis papás nunca me dijeron que me querían". Si les demostramos que los queremos, nunca recurrirán al alcohol, a las drogas, al sexo; recurrirán a nosotros, seremos su refugio. Nadie tiene derecho a corregir si antes no ha demostrado que ama.

**Segundo. La ATENCION:** escucha a tu hijo, que sepa que es importante para ti, que lo que te cuenta te interesa; mírale a los ojos cuando te esté reseñando su partido de fútbol, que te transmite patada por patada y pase por pase. Tal vez no te interese el balompié, pero si te importa tu hijo, regálale tu tiempo. Se dice de un niño que le pregunta a su papá cuánto ganaba por hora; el papá, asombrado, se pregunta para qué querría saber eso y le contesta que gana cien pesos; entonces el niño le dice: los voy a juntar para que me escuches una hora. A veces nos están platicando algo y nos van siguiendo por toda la casa contándonos lo que para ellos es importantísimo. Ni siquiera los volteamos a ver, casi no les contestamos más que con monosílabos o gruñidos y les hacemos sentir que nos están aburriendo, que tenemos prisa porque acaben. ¡Ah, pero si llega la vecina! Dejamos todo para atenderla, le ofrecemos una tacita de café, nos sentamos y le dedicamos todo el tiempo del mundo; la escuchamos con tal atención que ni parpadeamos y ellos notan esta diferencia.

Déjalo que hable, déjalo que opine, esto lo volverá reflexivo y analítico. Invita a sus amigos y también atiéndelos; conociéndolos estarás más en contacto con él y su mundo.

**Tercero. La ACEPTACION:** debemos orientarlo pero respetando que es otro, no compararlo nunca ni con el niño de enfrente, tan educado y tan lindo, ni con su propio hermano, ya que esas comparaciones hacen odioso a aquel con quien lo comparas y hace sentir a tu hijo devaluado. Desperdiciamos a nuestro hijo por ver al de mi hermana o de la vecina, que es tan estudioso y tan simpático. Debemos pensar: éste es el mío, éste es el que yo amo, sea feo, morenito, greñudo o inquieto.

Acepta a tu hijo como es y no como te gustaría que fuera. No ponerle etiquetas le dará la certeza de ser único, no recurrir a la crítica para que aprenda, pues esto lo hará sentir inferior e inseguro. A veces nos desesperamos y decimos: "Le he dicho ochocientas veces y no entiende". Pensemos en la semilla de mostaza, que es la más pequeñita, nadie puede creer que de ella un día crecerá un árbol tan grande y frondoso que podrá dar sombra y en el que vendrán a hacer sus nidos los pájaros del cielo. Debemos creer en lo que estamos formando, tener confianza en que nuestros hijos serán hombres y mujeres de bien. Tengamos paciencia y pongamos mucho amor en su formación.

Abraham Maslow habla de la experiencia-cumbre, esa vivencia que cambió tu vida, que la selló al grado de que, después de ella, no volviste a ser la misma.

En la línea de aceptar a nuestros hijos comparto mi experiencia cumbre.

Tengo cuatro hijos y siempre digo en forma poética que Dios me regaló cuatro rosas: tres son rojas y una es blanca, y mi flor blanca por ser más delicada perfuma más mi vida y adorna más mi casa: es mi tercer hijo, que nació con un daño cerebral; él nunca brillará ante los ojos del mundo, pero yo sé que es un triunfador porque conoce el arte de amar mejor que nadie. Jimy nos ha enseñado que el éxito no está en el saber, en el hacer o en el tener, sino en el ser y cumplir con una misión. La misión de Jimy ha sido ser nuestro gran maestro, él nos ha enseñado a dar gracias, a levantar los ojos al cielo, a contemplar el milagro de todos los días en lo pequeñito y nos ha enseñado a sonreír porque él sonríe siempre.

Cuando mis hijas sanas empezaron a caminar, yo no le di gracias a Dios, ni vi nada espectacular; cuando empezaron a hablar yo no vi ningún milagro, ni tampoco di gracias. Cuando Jimy empezó a caminar muy tarde, vi un milagro; cuando empezó a hablar muy mal, vi un milagro; cuando pasó frente a nosotros en la bicicleta y nos dijo lleno de entusiamo: "¡Miren, sí puedo!" vi un milagro. ¡Ah, cuántos milagros dejamos pasar y cuánto dejamos de gozar con ellos! Vemos todos los acontecimientos como algo intrascendente y no damos gracias. Jimy nos ha enseñado a encontrar la diferencia. El día que nació le escribí una carta, en la que volqué toda mi soberbia, lo confieso; en ella le decía que sería el exponente máximo de mi triunfo y mi más grande orgullo. Ahora sé que así es: Jimy me ha enseñado a ser feliz no porque... sino a pesar de... y nunca he pensado si hubiera sido otro, él es mi hijo y mi mayor alegría es que no conoce el mal y es un hombre feliz.

Por esto les pido a todas las madres que acepten y amen a sus hijos profundamente y a las madres especiales les digo: Dios las ha elegido, las ha hecho depositarias no sólo de su obra creadora, sino de su obra especial y por esto no podemos fallarle, aceptemos a ese hijo como es y digamos como María, Madre por excelencia: "Hágase en mí según tu palabra."

**Cuarto. La APROBACION:** anima a tu hijo, sólo así alcanzará la excelencia. En lugar de reprocharle lo que dejó de hacer, elogia lo que sí hizo aunque sea poco, él necesita el aplauso. Había un niño al que no le gustaban las zanahorias, cada vez que las comía sus papás le aplaudían, después ya no ponía atención al sabor de las zanahorias, saboreaba el aplauso.

Los triunfadores siempre tuvieron a alguien que los animara a hacer lo que parecía imposible.

A veces sale nuestro hijo del kinder y nos da su dibujo lleno de orgullo porque él lo hizo y recibimos el papel y hacemos cara de "no entiendo nada" y lo volteamos para todos lados preguntándole: "¿Qué es esto?" tratando de descifrar el enigma y muchas veces el niño descubrirá su obra de arte en el bote de la basura. Seguramente las mamás de los grandes pintores, siempre que sus hijos les daban sus dibujos, les mostraron cuánto los admiraban; algunos siguen pintando igual que en el kinder, sólo que ahora cobran mucho dinero por hacerlo y son triunfadores. De estos ingredientes debemos dar la dosis necesaria, sin exagerar. Hemos de ser naturales al reconocer sus aciertos, reforzando sus cualidades y tratando de ignorar sus defectos, estimulando sus capacidades y ayudándolos a superar sus limitaciones.

Los hijos son un préstamo a corto plazo, hemos de guiarlos para que sean seres independientes, seguros, triunfadores. Carl Rogers dice: "Ama y acepta incondicionalmente el ser del otro". Un niño educado así, va a valorarse y va a actuar bien.

La educación es la promoción del hijo para ser libre, por esto hemos de reforzar todo lo bueno que haga e ignorar lo negativo, Rogers dice también: " Todo a lo que te resistes persiste". Cuando dejamos de pelearnos con el cambio, el cambio llega. Los papás utilizamos mucho la palabra "no": no llegues tarde, no te vayas a caer, no digas mentiras, no toques. Los mensajes de descalificación no los capta el cerebro, por esto no ayudamos con ellos al otro.

También utilizamos la palabra "deberías", que les genera angustia, violencia interior y los llega a neurotizar. Ejemplos: deberías ser más ordenado, deberías ponerte a estudiar, deberías cuidar tu apariencia, deberías ser otro porque este que eres no me gusta...

En la Biblia leemos: "Dios bendice al matrimonio dándole hijos". Dios confía en nosotros al hacernos depositarios de su obra creadora, por ello hemos de tratar a nuestros hijos, como hijos de El. Si una amiga te pide que le cuides unas horas a su hijo ¿cómo tratarías a ese niño? Seguramente harías que se sintiera bien en tu casa, que estuviera cómodo, platicarías con él para que no se sintiera solo, le ofrecerías lo mejor; pues Dios mismo te ha pedido que cuides a su hijo un tiempo, es ese niño al que te ha prestado y El confía en que haz de hacerlo muy bien.

Reflexionemos sobre algunos puntos que siempre me han confrontado, esas actitudes nuestras que se graban en el corazón de los hijos y que son la base de su formación:

Bendecir, significa decir bien. Hablar bien de nuestro hijo lo hará sentirse valioso y esa será su actitud ante la vida: la de un ser que tiene valores y los vive.

Hemos de dar responsabilidades a nuestro hijo tan pronto como pueda asumirlas y según su edad, de esa manera estamos confiando en sus capacidades; no debemos hacerle todo, pues él puede recoger sus juguetes, su cuarto. Aunque haya servicio, que arregle su cama, que ponga la mesa; esto lo hará participar en el orden de la casa, lo enseñará a cuidar su propio trabajo y a valorar el de los demás.

Deja que el papá participe en su educación, el niño se identificará con él, la niña sentirá la seguridad de la figura paterna y ambos sabrán relacionarse y amar al sexo opuesto. El padre ya no es sólo el proveedor económico del siglo pasado, es también proveedor de amor, de apoyo, de ayuda, partícipe importantísimo en la educación y en la formación de la familia.

El amor y la unión entre los padres va a dar seguridad y alegría a los hijos. Difícilmente un hijo va a ser lo que su familia no es.

Alimenta su fe, esa fe que pediste en el bautismo. Hacer una oración une a la familia, bendecir la comida, darle la bendición al salir de casa lo hará tener presente a Dios.

Sé firme, no autoritaria, nunca prometas algo que no puedas realizar, ni bueno ni malo. Pensar antes de ofrecer y ofrecer lo que podamos cumplir, esto lo estimulará a ser mejor; sanciónalo sin ira y en proporción a la falta, esto lo ayudará a conocer la justicia.

La disciplina consiste en poner límites. Tu hijo necesita esos límites para ser fuerte, lo harán sentir seguro, sabrá hasta dónde puede llegar. "Haz lo que quieras" es la frase más clara para decirle al hijo "No me importas".

Sé congruente entre lo que dices y lo que haces. Lo que dices puede entrarle por un oído y salir por el otro, pero lo que ven sus ojos, baja al corazón y ahí se queda. El ejemplo es una orden silenciosa.

Motivarlos a asombrarse ante un atardecer, ante algo tan simple como un jugo de naranja, su color, su sabor; que sepan contemplar, que admiren una flor, esto propicia la reflexión y hace que intuyan al Creador de todas las cosas.

Juega con tus hijos, propiciarás así la confianza y la armonía, te sentirán cercana y te verán jovial, capaz de ser su amiga; es muy importante el buen humor para saber convivir con ellos.

Enseñarlos a ser generosos, que aprendan a dar y a compartir.

Cuando tu hijo se sienta solo acompáñalo, si se siente triste consuélalo, pero si te pide que lo dejes, respeta su privacidad y su espacio.

Hemos de tener una buena comunicación con nuestro hijo, esto implica dejarlo hablar y escucharlo.

Nunca lo reprendas en público, ni lo ridiculices, sé ecuánime, serena y paciente y tu hijo va a reconocer las virtudes que tienes y te lo va a agradecer.

Es importante tener buen humor, hacer bromas, jugar con ellos, esto propiciará la confianza y la convivencia.

Enséñale a pedir perdón y a perdonar reconociendo tus fallas ante él, esto hará que crezcas ante sus ojos, te verá humana y honesta.

Háblale siempre con la verdad, lo enseñarás a responsabilizarse de sus actos y será tu juicio y tu consejo siempre de gran valor.

Hemos de entender que los hijos no vinieron al mundo a darnos gusto. Ojalá un día nos contraten como consejeros y nos pidan opinión, esto nos dirá que somos creíbles.

No quieras cambiarlo para que se ajuste a tu ideal, ni menos aún que realice lo que tú no hiciste, respeta que es otro.

Hemos de hacer que nuestros hijos se sientan a gusto en su hogar, recordando que son los huéspedes más importantes en la vida de los padres: llegan a nuestra casa, están un tiempo y luego se van llevándose solamente lo que hayamos puesto en su corazón, para repetir en su propia familia lo que vivieron con nosotros.

## Manos blancas

*Manos blancas, manos buenas,*
*manos de seda y de rosas;*
*manos que cuando acarician*
*son como dos mariposas;*
*manos que sobre las penas*
*son oraciones piadosas;*
*manos que tejen estrellas*
*en las noches silenciosas...*

*Manos de las madres santas,*
*madres de las manos buenas*
*aromadas de jazmines,*
*de nardos y de azucenas,*
*manos que nacieron blancas*
*para perfumar las penas.*

María Evelia Monterrubio y Sáenz

## Romance de la maternidad

*Yo los amo Señor, que ya no puedo...*
*después de Ti y la Virgen, están ellos,*
*ellos son de mi vida los destellos,*
*en ellos estás Tú, mi fe y mi credo.*
*Son de mi alma el poema más hermoso,*
*sus ojos y sus manos me enternecen,*
*su ir y venir inquietos me estremecen...*
*y mirándome en ellos sufro y gozo.*

*¡Oh, qué saber el tuyo tan profundo!...*
*Dar el ser atributo es de tu gloria.*
*Ser madre es, a mi ver, en Ti fundida,*
*y en tu concepto pródigo y fecundo,*
*en cierto modo, trasmitir la vida...*
*y en Ti y contigo redimir al mundo.*

María Evelia Monterrubio y Sáenz

CAPITULO 5

# El amor conyugal y el valor del sacramento del matrimonio

El regalo maravilloso de la complementariedad hace que admiremos en el ser humano el plan de Dios. "Hombre y mujer los creó", seres sexuados, con características físicas, psicológicas, emotivas y espirituales totalmente opuestas, pero iguales en dignidad y con el mismo valor que les da a ambos el haber sido creados a imagen y semejanza de Dios.

Estas diferencias no los alejan, al contrario, los complementan en la magnificencia de quien los pensó.

Cuando no entendemos este regalo es cuando tiene su principio el conflicto, no aceptándonos como seres diferentes, al no saber contemplar la riqueza que cada uno posee y que aporta para enriquecer la relación.

Por estas diferencias hay atracción natural, física y psicológica, emotiva, espiritual; el amor humano debe abarcar estos niveles o se acaba. A veces nos quedamos en el plano físico y este es el motivo fundamental del fracaso; al no tocar el yo del otro, no se habla de sentimientos, anhelos, deseos, sueños. El plano espiritual se manifiesta en la voluntad; de entre todas te eligió a ti, de entre todos lo elegiste a él; y por esto descubrimos que el amor no es un sentimiento es una decisión.

El amor del hombre y la mujer tiene su origen en Dios, él mismo es el autor del matrimonio; el hombre y la mujer se unen y Dios crea un alma.

La relación conyugal es una experiencia humana que surge espontáneamente, sin importar la cultura, ni la fe religiosa, es la decisión de amar y de compartir la vida juntos.

Recuerdan que leíamos en Gen 2, 23 que Adán al descubrir a Eva dice: "Esta sí es carne de mi carne y hueso de mis huesos". Adán encuentra en Eva toda la ternura, la dulzura, sin ésta no podría haber distinguido su masculinidad y Eva encuentra a Adán fuerte, diferente y surge esta atracción natural entre ellos y Adán le dice:" Venga para acá" y la abraza y la reconoce como el mejor de los regalos, pero después de la desobediencia la aparta y dice: "Señor, esta mujer que me diste, ésta me hizo fallarte" y ya no es carne de su carne ni hueso de sus huesos. A veces así decimos: "Este marido que me diste" y El podría contestar: "¡Ah no! tú lo elegiste, no me eches a mí la culpa, muchas personas te decían que no era para ti y aún así te casaste con él"

En Gen 2, 24 nos dice: "Por esto dejará el hombre a su padre y a su madre y se unirá a su mujer y serán una sola carne". Esto no es cosa de abandonar a los padres, de desentendernos de ellos, pero debe haber momentos sólo de la pareja, es como un parto que da a luz una familia. Por esto se llaman casados, porque comparten una casa solamente los dos e inician una historia juntos, tomando decisiones, organizando su hogar y construyendo el amor.

A veces es difícil para el hijo o hija desprenderse, también para los padres lo es, por esto hemos de prepararnos alcanzando un grado de madurez para que esta separación sea de adultos, que sepan reconocer su propia misión y el lugar que ahora tienen, nunca compitiendo con el yerno o la nuera, ya que el amor no tiene jerarquías. Hemos de tener la cordura para saber tomar nuestro lugar en la vida de los hijos sin obstaculizar su crecimiento y la realización de su estado de vida. Por esto la pareja ha de unirse cada día y trabajar por su relación, pues terminarán como empezaron: siendo dos para amarse y para apoyarse el uno al otro en una conjunción de anhelos que los haga caminar juntos hasta el final. De lo contrario se aferrarán a los hijos como única posesión impidiendo su crecimiento, se perderá la armonía con los nuevos miembros de la familia y seremos un obstáculo para la felicidad de esa pareja que tratará de alejarse de nosotros.

**La imagen conyugal en el Antiguo Testamento** es la alianza de Yahvé con su pueblo Israel. Muchas veces nos preguntamos por qué eligió a Israel. Así también nuestra suegra se pregunta: "Por qué la eligió a ella, esa no era", pareciera que ese es el significado de la palabra nuera, "no-era para mi hijito". Y si Dios eligió al pueblo de Israel fue porque así quiso. Igual se inicia la alianza entre el hombre y la mujer: con una elección y en ambas relaciones encontramos etapas de desilusión, alejamiento, desamor, reconciliación y purificación y se hace patente el amor eterno siempre fiel de Jahvé, ejemplo para los esposos. Un día, ante el altar de Dios dijimos: "Prometo serte fiel en lo próspero y en lo adverso, en la salud y en la enfermedad y amarte y respetarte todos los días de mi vida". Tal vez alguien pregunte con asombro: "¿Yo dije eso?" Y ¿qué pasó con esa promesa? La hicimos sin conciencia, no supimos a lo que nos estábamos comprometiendo: "en lo próspero y en lo adverso". Cuando vamos de vacaciones, cuando estamos bien económicamente, que fácil es cumplir nuestro juramento, pero... cuando está enfermo, cuando no tiene trabajo, cuando está de mal humor porque las cosas no van bien, cuando está calvo o panzón, cuando tiene arrugas en las arrugas, siempre fiel... "en lo próspero y en lo adverso". Y la fidelidad no es sólo no cometer adulterio, ser infiel es traicionar la fe, la confianza, el amor y esa promesa hecha en el altar; ser infiel es hablar mal del esposo con todo el mundo; ser infiel es no luchar para que las cosas vayan mejor; ser infiel es mostrar al mundo que el matrimonio no vale la pena.

Y también dijimos: "en la salud y en la enfermedad". Mientras él es joven lleno de vitalidad, deportista, no le duele nada, se puede ser fiel; pero qué difícil es aceptar a ese esposo achacoso a quien hay que hacerle comida especial o sobarle la espalda. Aquí olvido mi promesa.

Y aún prometí algo más: "amarte y respetarte, TODOS LOS DIAS DE MI VIDA". Yo no dije un año, ni cinco, ni veinte, yo dije... todos los días de mi vida. Y el modelo está en el A.T. con Jahvé, que es siempre fiel.

**La imagen del matrimonio en el Nuevo Testamento** se manifiesta en la plenitud del amor de Cristo por su iglesia. Los esposos son signo de esa relación. Cristo da la vida por el otro. ¿Cuántas de nosotras seríamos capaces de dar la vida por nuestro esposo? Seguramente argumentaríamos que les hacemos más falta a los hijos.

Amar a Dios amando al otro. El que ama a su pareja se ama a sí mismo. En el matrimonio se realiza el mismo amor que Cristo tiene por su esposa la Iglesia. Dios te dice que se llega a El por el amor al prójimo. Y ¿quién es tu prójimo? El que está más cerca de ti, él va a ser tu camino de salvación, el más próximo es tu esposo, tu esposa.

El camino para llegar a Dios es Cristo, ser Cristo para el otro no es un evento social, ni legal, lo único que salva es el amor, por esto hemos de amar a nuestro esposo como Jesús nos ama; y esto no implica sólo hacerle el bien, que esté contento, es ir más allá, es salvarlo.

Tú eres Cristo para mí y por esto eres mi camino de salvación, tú eres el signo del amor de Dios, el canal de la gracia, el mejor regalo que Dios quiso darme, eres el medio para llegar a El.

Jesús se encarna en cada uno de los cónyuges. Sacramentalmente el cónyuge es Cristo para mí, al haber dicho "Yo te acepto" aceptamos a Cristo, este es el misterio: el matrimonio vivido en la fe nos lleva a la salvación.

Debemos tener en cuenta que llevamos un tesoro en vasijas muy frágiles, el matrimonio es un tesoro que se puede romper, ese es el trabajo, ese es el riesgo, el desafío del Amor.

**El matrimonio es un sacramento** y como todos los sacramentos nos otorga gracias especiales para hacer del yo y el tú un NOSOTROS. Es un medio para llegar a la perfección, llegar a Dios.

¿Qué es un sacramento? Es un acto y signo de Cristo y de la Iglesia por medio del cual se le transmite al que tiene fe la gracia de Dios para la vida eterna. Jesús mismo lo instituyó con el mandato "Lo que Dios ha unido, no lo separe el hombre", y para que actúe en nuestra vida hemos de tenerlo presente, hemos de tener la certeza de que recibimos gracias a través de él para seguir adelante. A veces, esto se nos olvida o no lo sabemos y queremos resolver nuestros problemas solos, sin tomar en cuenta que Cristo mismo se comprometió con nosotros un día y está dispuesto a ayudarnos y sigue bendiciendo nuestra unión.

**Preparación para el sacramento**. La Iglesia se ocupa y se preocupa por preparar a las parejas, impartiendo charlas y cursos para los novios que quieren recibir el sacramento del matrimonio. A éstos a veces les parece exigente y fastidioso este requisito, creen que con estar enamorados es suficiente. También el Movimiento de Encuentros Matrimoniales brinda a la pareja un fin de semana para prepararse, incluso para recapacitar en algunos aspectos que experimentarán en la vida matrimonial. Pero la verdadera preparación se realiza en la familia, ahí es en donde los hijos sabrán que vale la pena el matrimonio, que vale la pena formar un hogar. Cuando los hijos sólo ven discusiones, desunión, falta de comprensión, es cuando dicen: "Vamos a vivir juntos un tiempo y si vemos que la hacemos nos casamos"; "Vamos a probar". Y aquí es donde devaluamos a la persona cosificándola: "Te voy a probar, si me gustas, si me siento bien contigo, seguimos adelante, y si no, cada quien por su lado sin ningún compromiso". ¿Qué es lo que queda después de esta prueba? El deseo de seguir probando o tal vez un enorme vacío que nos lleva a una baja autoestima, sintiéndonos seres devaluados, incapaces de inspirar un verdadero amor que se fortalezca en la permanencia y la fidelidad.

Cuando los padres no hemos sido un signo del amor, es cuando las hijas se defienden para casarse y dicen: "No, yo así estoy bien, tener que atender a un jefe que me mande las veinticuatro horas del día y aguantar todo lo que mi madre ha pasado..." Y los hijos dicen: " Tener que mantener a una mujer que ni de mi familia es, soportar a una histérica que grita y se queja todo el tiempo, no, mejor así". Y cuando se casan ya van con la idea de fracaso y piensan: "Si no la hacemos nos divorciamos".

Es en la familia, "escuela del amor y del perdón", donde hemos de transmitir que el matrimonio vale la pena, que ese decir "sí quiero" de todos los días fortalece nuestra alianza para permanecer fieles a aquella promesa...

Otra idea equivocada es ir al matrimonio pensando que se va a realizar el cuentito que termina diciendo: "y se casaron y fueron felices", y que ya no hay más que esperar la felicidad que culmina con nuestra boda. En la psicología femenina hay mucho de esto: creemos que ya lo logramos, ya pescamos marido y seremos felices. Pero cuando nos damos cuenta de la realidad nos sorprendemos, porque la felicidad no es un regalo, ha de construirse cada día y requiere aceptación, paciencia y la alegría interior para ver cada nuevo amanecer como una oportunidad de crecer juntos, de compartirlo todo y de afianzar el amor.

Y esto es lo que los hijos observan y hace que vean el matrimonio como una verdadera realización humana, o como un ring en el que se llevan a cabo las más sangrientas batallas.

**Celebración del sacramento.** Recordemos nuestra boda, ¿qué significó recibir el sacramento del matrimonio? ¿Cuántas parejas se acercan al matrimonio como un evento social, como un requisito de respetabilidad, para salir de blanco, para que nos vean los vecinos, para parecer gente decente, para darle gusto a los papás, porque así se usa, por tradición o por costumbre?

Fue dentro de la Eucaristía, en una misa especial, que a veces vivimos sólo como una escenografía en la que yo soy la protagonista y estoy pendiente de la fotografía, las madrinas, el ramo, los invitados, el vestido, los zapatos, el maquillaje, las joyas que llevaré. Y todo esto lo preparo con gran esmero, acudo a que me hagan pruebas para ver cómo me voy a peinar y a maquillar, preparo muchos detalles y tal vez no preparo lo más importante: mi interior para saber que voy a entregarme no sólo físicamente, sino toda la persona que soy, con mis cualidades y mis defectos, con mis aciertos y mis errores, y que voy a aceptar a la otra persona que es diferente a mí, con todas esas diferencias que van a complementarnos y que es precisamente lo que me atrajo de él, respetar su personalidad y aceptarlo como es, de lo contrario la relación se vuelve una lucha entre dos egoísmos. A veces todavía no nos casamos y ya estamos pensando que lo vamos a cambiar. Si hace cosas que nos disgustan, creemos que por nosotras no lo hará más; por ejemplo, si le gusta beber alcohol pensamos: "¡Ah pero cuando nos casemos!..." y pasan los años y nos desilusionamos porque no sólo no lo cambiamos, sino que se le acentuó la afición por beber. Y ¿sabes por qué? Porque a nadie lo cambia nadie, los seres humanos cambiamos cuando queremos hacerlo, cuando necesitamos ser diferentes, cuando no somos felices con nuestra forma de ser y decidimos ese cambio. Es por eso que al elegir a una persona debemos preguntarnos: "¿Estoy dispuesta a aceptarlo tal como es y complementar sus deficiencias y acompañarlo en su propio proceso de crecimiento y madurez? ¿Realmente estoy dispuesta?" Consciente de que todo lo que tengo y soy te lo doy y todo lo que eres y tienes me lo das y ya NO SOMOS DOS SINO UNO, esto requiere una gran generosidad y una gran entrega, implica luchar juntos por alcanzar las mismas metas.

Los esposos unen la ofrenda de su propia vida a la ofrenda de Cristo, por esto es dentro de la misa y por esto es el único sacramento en el que los ministros son los esposos. El sacerdote recibe el consentimiento de la pareja en nombre de la Iglesia, es testigo y les da la bendición de ésta. Este consentimiento es libre, en él se dan y se reciben mutuamente: "Yo te recibo como mi esposo";" Yo te recibo como mi esposa", esto llega a plenitud y "vienen a ser una sola carne" quedando unidos por el vínculo matrimonial establecido por Dios mismo, de manera que es indisoluble. Así "Lo que Dios ha unido, no lo separe el hombre". Cuando tenemos esta visión de lo que significa este sacramento es cuando podemos vivir el plan de Dios y realmente "hacer el amor", este término que significa construir y que ahora ha sido tan devaluado. Oímos que el matrimonio es la tumba del amor. Tal pareciera que el casarse exentara a la pareja de amarse. Hemos distorsionado lo que significan las palabras matrimonio, amor, relación y entrega. Por eso nos sentimos vacíos: porque hemos denigrado nuestra unión, porque no encontramos sentido a seguir luchando y nos damos por vencidas conformándonos con vivir un amor mediocre, un amor que no se renueva, un amor que no se nota. Cuántas parejas viven juntas pero sin interesarse el uno en el otro y oímos expresiones como "No me divorcio porque quién me mantiene". Esta es una forma de prostitución: no tengo dinero, ni forma de ganarlo y por eso sigo unida a alguien a quien no quiero, pero tampoco lucho por rescatar lo que aún se puede salvar. También escuchamos: "Yo nunca me voy a divorciar por mis hijos" y cuando esos hijos se van, encontramos un gran vacío porque todo fue en función de ellos. Los hijos eran el motivo y cuando ya no están descubrimos una terrible soledad. En lugar de haber aguantado por ellos, deberíamos haber conquistado a nuestro compañero, dando un ejemplo de entereza, luchando por nuestra relación, recordando que el matrimonio termina como empezó: juntos los dos. De aquí esas mamás que se casan los hijos y no saben aceptarlo y siguen exigiendo ser la número uno en su vida, esas suegras agresivas, esas mamás posesivas. Cuánto hemos de trabajar para tener relaciones venturosas con nuestra pareja, con nuestros hijos, con nuestra suegra, con nuestras nueras y nuestros yernos.

**Dios toma el amor conyugal natural y lo hace sagrado**. Este amor es consciente por la inteligencia y la voluntad, a diferencia de la relación de los animales que se unen por instinto. Yo entrego todo lo que soy y si tengo conciencia de quién soy y cuánto valgo, sé cuánto vale también mi entrega y la de mi pareja y ese hombre diferente a mí al que entrego no sólo mi cuerpo, también mi amor, mi admiración y mi respeto.

El apetito sólo animal está muy lejos del amor auténtico. Cuando acepto a mi pareja como persona integral y él me acepta de igual manera significa, como dice Haidelbert,"ensimismarse en el otro", o como dice Atahualpa Yupanki, "es uno mismo con la piel del otro". Este amor puede tener deseo, siempre y cuando busque, a través de éste, el bien del otro.

El matrimonio tiene muchas facetas, se puede fracasar o triunfar en algunas o en todas, la relación sexual es una de ellas y es muy importante, ya que es una expresión del amor y éste es la vida del matrimonio, es un dar y recibir que requiere madurez.

La plenitud del amor no se logra de un día para otro, es fruto del esfuerzo, de la generosidad, de la ternura, del diálogo que renueva. El silencio mata el amor, es más sana una discusión acalorada que el hielo del silencio. Cuando hay roces quiere decir que hay contacto. En el matrimonio hay que estar vivos, vibrar, no basta amarse, hemos de ser amigos que compartan una tarea común, reconociendo que un yo y un tú se unen para construir una misma historia.

Ser amado es una necesidad humana, significa ser alguien en el corazón del otro. Yo te puedo cosificar o reconocer, si te reconozco eres.

La vida sexual nos ofrece un campo maravilloso de experiencias y comunicaciones incomparables. El amor en el matrimonio no sólo implica relaciones sexuales más amistad, es un amor diferente a cualquier otro y se caracteriza porque puede expresarse por el acto corporal del amor. No pensemos que es una función biológica de reproducción, es el momento de incomparable unión entre dos seres que se aman, es la ocasión de concentrarse uno en el otro en una dación plena y total.

La mente es la que rige nuestros actos, en ese momento concéntrala en él, piensa en todo lo positivo de tu vida matrimonial, le trasmitirás tu actitud y alcanzarán una verdadera comunión. El placer es un gran regalo en el matrimonio, no restes felicidad a la que tienes derecho, él es tu esposo, déjalo amarte y correspóndele. Son dos seres que se aman y que pueden manifestar su amor y su pasión con toda libertad. Dios mismo estableció esta atracción y la bendijo, no iba a ponernos trampas, pues sería contradecirse y en El no existe error. El momento culminante de este acto es uno de los grandes placeres que Dios quiso regalar a la pareja. Científicamente está comprobado que este momento remoza el organismo. Por lo tanto es bueno para la salud física y mental y si Dios así lo planeó, no debemos de tener miedo de disfrutarlo. No podemos negar, ni minimizar, ni exagerar la importancia de la plenitud del amor a través de la manifestación sexual, es un medio para la realización plena del ser humano que ha elegido como camino el matrimonio.

El hombre y la mujer deben conocerse en lo más profundo de su ser, y saber que la única persona con quien pueden experimentar la profundidad de la vida es aquella a la que aman tanto como para convertirla en su esposa o esposo. Y hemos de ir aceptando que somos diferentes y por esto las manifestaciones del amor a veces no son las que esperamos. Por ejemplo, el hombre manifiesta su amor y su ternura según su psicología. Generalmente no es de muchas palabras dulces, no dice verbalmente a la esposa cuánto la quiere; él lo demuestra de otra manera: con atenciones, servicios y especialmente preocupándose por cubrir las necesidades económicas del hogar. Algunas veces con un regalito o con flores, esto generalmente al principio del matrimonio, después de algunos años ya no lo cree necesario.

Muchas mujeres comparamos al esposo con el hombre que era en otro tiempo. Cuesta trabajo ver que el novio madura convirtiéndose en marido y que nos casamos con un enamorado y al día siguiente despertamos con un distraído, una persona que ya no se concentra en halagarnos, sino que tiene su atención e interés en otras cosas. Un hombre puede llegar a ser el único objetivo en la vida de la mujer, pero casi nunca la mujer constituye el único objetivo de la vida del hombre. Esto no quiere decir que tenga menor capacidad de amar, sino que su mundo psíquico y la lucha por la vida hace que sus intereses y sus pensamientos estén concentrados no sólo en la esposa, sino en los múltiples aspectos que su profesión le demanda. La mujer inteligente, en vez de rivalizar con el mundo profesional de su esposo, debe penetrar en él, interesarse para ser parte importante en su vida.

Es difícil aceptar que ese hombre con quien hablábamos largas horas, ya no quiere hablar y él nos siente complicadas cuando reclamamos que ya no es el mismo. A la mujer le gusta escuchar frases dulces y al hombre le cuesta mucho trabajo decirlas, la mujer tiene una gran necesidad de reconocimiento y el hombre piensa que ella sabe que él la admira, que reconoce y agradece su apoyo aunque no se lo diga. El hombre es reflexivo y cuando reflexiona, calla; una mujer cuando reflexiona, habla. Sus momentos son diferentes, pero debemos encontrar el punto de coincidencia para hablar. Nunca se podrá aceptar plenamente al otro como es, pero tampoco se le puede exigir que cambie; en el matrimonio siempre hay que esperar, tener fe en el compañero y amar siempre.

El principio del amor es la admiración. Si yo reconozco las cualidades de mi pareja, si resalto sus capacidades, si lo miro como ese ser incomparable del que me enamoré, que llenaba todos mis sueños, quiere decir que sigo amándolo; cuando no lo admiro y no lo veo como un ser valioso, es un signo de que se acabó el amor.

**Las mujeres sufrimos el síndrome de la maternidad:** adoptamos como hijo a ese hombre del que nos enamoramos y queremos educarlo y empezamos por faltarle al respeto al querer cambiarlo totalmente, criticándolo todo el día y después queremos que sea cariñoso con nosotras. Y nadie se siente romántico con su mamá y menos con una mamá regañona. Adoptamos ese papel y queremos que nos vea como su amante esposa.

Ejercitando nuestra voluntad nos comprometimos a amarlo y respetarlo todos los días de nuestra vida, hicimos lo indecible por conquistarlo, hicimos todo porque nos pidiera que nos casáramos con él, propiciamos y estimulamos esta petición y creímos que iba a ser fácil, y el amor duele, es ponerlo TODO... y muchas mujeres dicen: "Es que ya me cansé de ser yo la que dé siempre el primer paso, de ser yo la que busque nuevas alternativas, que él también haga algo". Y sí, a veces tenemos que dar nueve pasos para que él de uno, pero en esa medida será nuestra satisfacción de haber cumplido, de no haber escatimado esfuerzo e interés para que nuestra relación sea cada día mejor.

**El amor no puede ser tedioso ni aburrido porque se muere**, debe ser un amor que se renueve, que busque la novedad, que enamore. Cuando el señor se va a trabajar se despide de una greñuda envuelta en una bata de franela y cuando regresa la encuentra engendrada en pantera, cansada y furiosa porque los niños dan mucha guerra, mientras que en su trabajo trató con toda clase de chicas arregladas, perfumadas y sonrientes.

Un hombre puede soportarlo casi todo menos el aburrimiento. Si tu esposo está aburrido, lo mejor para reconquistarlo es que cambies tu aspecto, se quedará deslumbrado, un cambio da frescura a la relación. Marabel Morgan dice que los cuatro primeros minutos después de su llegada dan el tono de las siguientes horas. Tu aspecto, tu actitud, tu simpatía, la creatividad que pongas en planear recibirlo va a dar un cambio a tu relación. A veces ésta está tan deteriorada que pensamos que ya no hay nada que hacer y, entonces, no hacemos nada. Si últimamente tú y él no han estado muy unidos, piensa en los tiempos en que te parecía que no había otro como él. Cada una sabe cuáles fueron los elementos que hicieron que él se enamorara de ella. Pero resulta que ya lo pesqué, ya no me interesa conservarlo. ¿Qué le pasa a una casa cuando no la pintamos y arreglamos? Se deteriora y llega a caerse. Vamos a hacer una labor de redecoración. El matrimonio no debe permanecer estancado, hemos de realizar cada día una conquista mutua. Si antes de casarnos primero era él, por qué después de casadas lo colocamos en segundo término, él tiene que seguir en primer lugar, nuestro amor y después los hijos que fueron la consecuencia de ese amor. Yo dije "hasta que la muerte nos separe" y ni cinco minutos antes. No tomé un marido sólo para ir al cine, por ratitos, o para tener hijos, sino para entregarle mi vida en ausencia y en presencia. Si tú satisfaces sus expectativas no buscará refugio en otra parte: trabajo, juego, negocios u otros... muchas veces un pequeño detalle cambia una situación, el egoísmo dice: COMPLACEME, el amor dice: DEJA QUE TE HAGA FELIZ.

Marabel Morgan, autora de *La mujer total*, experimentó la desilusión, la rutina y la apatía. Pero empezó a leer, a arreglarse mejor, a prepararse y llegó hasta las cosas más estrafalarias para conquistar a su marido. En su libro narra en forma divertida cómo hacer que el matrimonio resulte fascinante. Debemos reafirmar nuestra vocación de esposas, poner en marcha nuestra creatividad, nuestro entusiasmo y concentrar toda nuestra energía para que nuestra relación se renueve o renazca si es que se está muriendo.

## Hay tres elementos que fortalecen el vínculo matrimonial

Son las CCC claves en la relación de pareja:

**Comunicación**. Que debe ser el diálogo honesto, habitual, no sólo hablar de problemas. "Dialogar es asomarse al corazón del otro". Me dirán:"Pero si el hombre es una tumba, no le sacas nada, no le gusta hablar". Propicia tú ese diálogo y después escúchalo. Los hombres se quejan de que hablamos mucho y de que cuando ellos se animan no los dejamos. El amor verdadero sólo lo viven las personas que alcanzan la madurez psicológica y esto se traduce en ser capaz de dar a las ideas y sentimientos del otro el mismo valor que le doy a los míos. Si yo desprecio las ideas de mi marido, no podrá sentirme su compañera; aunque no las rechace abiertamente se dará cuenta de que sólo aprecio mis propias ideas y se encerrará en sí mismo, con lo cual perderé la oportunidad de conocerlo a fondo.

**Cooperación.** Somos un equipo, no hemos de competir entre nosotros. A veces se establece una franca rivalidad de quién sabe más, quién gana más, quién trabaja más, en lugar de aportar cada quien lo que tiene y lo que hace para la empresa común que es la familia. Hemos de valorar el trabajo de nuestro esposo, agradeciéndole cuando nos da el gasto. En lugar de ver el dinero con displicencia diciendo que necesitamos más porque ya no alcanza, hemos de reconocer su esfuerzo dándole las gracias porque sabemos que es el fruto de su trabajo, trabajo que realiza por nosotros, su familia, haciéndole sentir que conocemos su lucha y lo que vale. Cuando nos lleva un regalo, a veces en lugar de reforzar esta costumbre, la extinguimos reclamándole que después de tantos años de casados todavía no sabe lo que nos gusta y vamos a cambiarlo o nunca lo usamos. Por supuesto no lo vuelve a hacer.

Generalmente ellos dicen: "Yo trabajo, te doy el dinero, soy el proveedor, no me pidas más y tú te encargas de todo lo que sigue". Esta separación de funciones nos lleva a la desunión y al fracaso. Hemos de hablarlo de buen modo, con cariño, decirle lo importante que es que juntos eduquemos a los hijos. A veces nos ponemos la etiqueta de la eficiencia, incluso nosotras mismas les demostramos que no los necesitamos. Debemos hacernos inútiles para que ellos vean cuánto nos hacen falta. Y cada quien cumplir con su papel con generosidad, sin escatimar esfuerzo, ni estar midiendo cuánto da el otro, cooperar con lo que tengo al servicio del amor.

**Convivencia.** No sólo es vivir y dormir juntos, sino buscar espacios para compartirlo todo, tomando en cuenta sus gustos, sus aficiones y sus sentimientos. Los esposos que pasean juntos ven el mismo paisaje, el amor no es mirarse a los ojos, sino contemplar unidos lo mismo. Convivir es compartir la vida, es participar el uno al otro sus sueños, sus anhelos, sus expectativas, sus proyectos, hacer planes para el futuro de ambos. Sólo conviven los que están vivos y este es un deber para cada uno: "Un amor que se duerme, raras veces despierta". La Comunicación, la Cooperación y la Convivencia son formas de dar y de recibir.

Dentro de la relación de pareja también necesitamos alimentarnos mutuamente con la despensa emocional de la que hablábamos en el capítulo anterior.

**El amor incondicional.** Te amo no como un premio, sino como un regalo. No te amo si me haces feliz, te amo porque amándote soy feliz.

**La atención.** Concéntrate en lo que te diga, admíralo mientras te hable, no lo interrumpas, ni te muestres distraída.

**La aceptación.** El verdadero amor llega después del matrimonio, ya que con la convivencia diaria salen las verdaderas cualidades y defectos de los dos. Si dices que tu marido ya no es el mismo, pregúntate si te pareces a la chica linda con la que él se casó. La aceptación no es pasar inadvertidos los errores, ni resignarse a que siga con ellos, sino ayudarlo; para que él cambie necesita que lo ames, tal vez el primer paso es cambiar nosotras nuestra forma de ver las cosas. Aceptar es tenerle paciencia a él y a nosotras, nadie cambia de un día para otro y la vida es un eterno comenzar.

**La aprobación.** Anímalo, estimúlalo, si falló y ya se siente mal, no lo hagas sentir peor, no lo comparemos con otro porque no confiará en nosotras, concéntrate en sus cualidades. La mujer necesita ser amada, el hombre necesita ser admirado y ese es el principio del amor. El prefiere oír lo guapo que te parece, en lugar de qué bien le salió el negocio. Tú prefieres que te diga que luces bonita a que la casa está reluciente. Lo que no pueden conseguir los reclamos lo consigue la admiración. Recuerda que los triunfadores siempre tuvieron cerca a alguien que los animara a hacer lo que parecía imposible.

## Exigencias del amor conyugal:

**Es un amor plenamente humano.** Abarca el aspecto físico, intelectual, emotivo y espiritual. No se da por conveniencia o porque la familia lo impuso, es libre, público y abierto. Vamos a compartir todo: lo bueno y lo malo, en las duras y en las maduras.

**Es un amor total y exclusivo.** Con ese amor no se quiere a nadie más, todos los demás amores se multiplican, el amor filial multiplica nuestro corazón, el amor fraternal: cuántos hermanos tengo y tengo corazón para todos, el amor a los amigos. En cambio el amor conyugal es único, por esto aunque los hijos nos quieran mucho no pueden llenar ese aspecto exclusivísimo.

**Es un amor indisoluble.** Un amor auténtico tiene la exigencia de ser para siempre.

**Es amor fiel.** Incondicional, con virtudes y con defectos, con errores y con aciertos, en la salud y en la enfermedad, para siempre.

**Es un amor fecundo.** Es el que da vida y fruto, busca el bien del otro, y nos da el don maravilloso de ser padres.

Una falsa liberación femenina nos lleva a hacer de nuestro matrimonio un campo de batalla, en el que cuando alguno de los dos gana, los dos pierden. En el matrimonio no se trata de tolerar, ni de pelear, se trata de aceptar: "Voy a ser ama de casa, esposa, madre, no una generala en guerra, ni una mártir". Sacrificarse no quiere decir llegar al martirio, sino hacer sagrado lo que hacemos. Yo voy a ser la reina de mi casa. Tengo voz y voto. Yo soy la reina y él es el rey y juntos gobernamos y hacemos crecer la gran empresa que es la familia.

**Vivir en igualdad** y para esto no exagerar la ofensa, aceptar que se tuvo parte cuando surge un conflicto, analizar profunda y honestamente, reconociéndose también culpable.

**Apertura para perdonarlo.** Perdonar es volver a poner al otro en el lugar en el que estaba. Cada vez que perdonamos, ponemos un piso arriba en la construcción del edificio del amor.

**No volver a recordar la ofensa.** Vamos guardando todo lo que nos hacen y lo que no nos hacen. Las mujeres tenemos una memoria privilegiada y en cada pleito volvemos a sacarle todas "más lo que se acumule esta semana". Debemos volvernos amnésicas, olvidar es soltar y no ir cargando y acumulando resentimientos que no nos dejan ser libres.

**Administrar bien el dinero.** Esto hará que nos admire y nos agradezca que seamos buenas colaboradoras. ¿Recuerdan el momento en que nos entregó las arras? Dijimos: "Yo las recibo en señal del cuidado que pondré en que todo se aproveche en nuestro hogar". Que así sea.

**Ser una ayuda psicológica.** Aplicar la aprobación, ayudarlo a ser un triunfador, decirle cuánto lo admiras, que es lo MAXIMO. No negar la entrega, a veces ésta es una arma mortal para el amor.

**Ser una ayuda espiritual.** A veces a los esposos les cuesta trabajo oír hablar de Dios; cuando esto pase, déjalo, pero háblale a Dios de él... reza.

Si hubiera una clave, una fórmula para ser feliz en el matrimonio, yo creo que sería ésta. JUAN 2,l,ll vamos a ver que nos dice la palabra de Dios.

Se celebraba una boda en Caná de Galilea y estaba allí la madre de Jesús. Fue invitado también Jesús con sus discípulos. Y como faltara vino, porque se había acabado, le dice a Jesús su madre: "No tienen vino"

Jesús le responde: "Todavía no ha llegado mi hora". Dice su madre a los sirvientes: "Hagan lo que él os diga".

Había allí seis tinajas de piedra, puestas para las purificaciones de los judíos, de dos o tres medidas cada una. Les dice Jesús: "Llenad las tinajas de agua". Y las llenaron hasta arriba. "Sacadlo ahora", les dice, "y llevadlo al maestresala". Ellos lo llevaron, cuando el maestresala probó el agua convertida en vino, como ignoraba de dónde era (los sirvientes, los que habían sacado el agua, sí que lo sabían), llama el maestresala al novio y le dice: "Todos sirven primero el vino bueno y cuando ya están bebidos, el inferior. Pero tú has guardado el vino bueno hasta ahora". Así, en Caná de Galilea, dio Jesús comienzo a sus señales. Y manifestó su gloria, y creyeron en él sus discípulos.

**Fueron invitados a la boda Jesús y María.** Cuando llegamos hasta el altar de Dios, estábamos invitándolos también y Jesús se comprometió con nosotros y a veces olvidamos ese compromiso de El para participar en nuestra vida, porque no lo dejamos entrar en nuestra casa, no lo hacemos partícipe de las alegrías y de las tristezas que experimentamos en el matrimonio.

**María se da cuenta de la necesidad** de aquella pareja, por esa intuición que tenemos las mujeres y le dice a Jesús: "No tienen vino". Las bodas judías duraban varios días y era injusto que ésta acabara porque no había más vino y Jesús dice: "Llenen las tinajas de agua". El podría haber ordenado levanten sus copas y que se llenen de vino, o directamente llenar las tinajas. ¿Por qué quiso que pusieran agua? Porque él quería que esos esposos pusieran lo que todavía tenían, el vino se les había acabado, pero agua sí tenían y si Jesús adelantó el reloj del tiempo aun cuando no había llegado su hora, fue precisamente porque se trataba de un matrimonio. El, había experimentado lo que era vivir en una familia. María y José, juntos, formaron a ese Jesús de Nazareth. Y María fue a decírselo a Jesús. Ella no fue a comentar con los demás: "Qué creen esta boda se está acabando, cada quién se va a ir por su lado". No, fue a contárselo al único que podía ayudarlos. Nosotras, cuando tenemos problemas se los comentamos a todo el mundo, a la amiga que a veces nos dice: "No lo aguantes, no lo perdones, rompe las tinajas, acaba con ellas"; le contamos a nuestra mamá, a la suegra, a la prima, hasta al carnicero. Hemos de recurrir a Jesús y hacer lo que El nos diga y llenar las tinajas, porque El tiene un milagro para cada pareja que reconoce que se le ha acabado el vino.

El vino en la Biblia es un signo de gozo, de contento. Cuando éramos novias nos pasábamos horas frente al espejo arreglándonos para él, porque ya iba a llegar; ahora se va a trabajar y nos deja en la facha, y nos arreglamos para ir al curso, a la junta del colegio, al desayuno con las amigas y cuando llega, nos encuentra como nos dejó. Se nos está acabando el vino... cuando éramos novias estábamos pendientes de cualquier ruido, un carro que llegaba, un claxon, el timbre, nos asomábamos mil veces a la ventana, pensábamos: "Ya va a llegar, ¿será él?" Y nos saltaba el corazón de alegría, corríamos si sonaba el teléfono: "Yo, yo contesto, yo abro la puerta" y salíamos sonrientes a recibirlo... había mucho vino; ahora... oímos su coche, oímos la puerta, sabemos que es él y no nos movemos, porque la telenovela está en lo mejor, el libro está muy interesante o estamos hablando por teléfono con una amiga y no podemos interrumpir nada de esto. Se nos está acabando el vino... Cuando éramos novios aún en momentos de mucho trabajo, de exámenes, había tiempo para la novia; ahora nos enfrascamos en el trabajo ellos y en la casa nosotras, escatimando esos momentos para hablar, para compartir, para pasear. Cuando éramos novios aprovechábamos cualquier distracción de los papás para darnos un beso, si nos mandaban al chaperón nos molestaba; cuando la mamá se ponía a platicar queríamos que se fuera, esa tía que llegaba queríamos que desapareciera... Había mucho vino, ahora no hay nadie, estamos solos, los niños ya se durmieron y ese beso no llega... Nuestras tinajas, están vacías y no es cosa de terminar la boda, es cosa de pedirle a Jesús que realice un milagro para nosotros y poner lo que aún tenemos. Aquella pareja no tenía vino, pero agua si tenía. Y llenar las tinajas es hacer lo que todavía podemos hacer. Si tenemos que plancharle una camisa y más bien quisiéramos plancharle la espalda, plánchale la camisa, que su ropa esté lista y si en lugar de arreglarle sus calcetines, quisieras cortarle los pies para que ya no anduviera tanto en la calle, arréglaselos, hazle la comida que le gusta. Llena las tinajas y deja que Aquél que todo lo puede realice el milagro.

Se nos ha acabado el vino de la DELICADEZA, de los detalles, de ponerle una cartita en su maleta si se va de viaje, de las atenciones, casi de la más elemental educación. Ya ni siquiera nos damos los buenos días, ni damos las gracias. Nos acostamos en la noche volteándose cada quien para su lado y ¿sabes por qué? Porque se nos ha acabado el vino...

Se nos está acabando el vino del INTERES por el otro. Ignoramos lo que le gusta y lo que le molesta, lo que siente, lo que piensa.

Se acabó el vino de la ILUSION de estar juntos, de salir juntos, de soñar juntos, de hacer planes para los dos.

Se acabó el vino del ESFUERZO para no buscar cada uno su propia comodidad, sino el bien del otro.

Se nos ha acabado el vino de la CONVERSACION: no tenemos de qué hablar; antes, pasábamos horas en el teléfono, había mucho qué decir, nos acababa de dejar en nuestra casa y ya estaba sonando el teléfono nuevamente... Había mucho vino, ahora ya no hay temas de conversación, ahora decimos: "Contigo no se puede hablar". Se nos está acabando el vino...

**Todos sirven el vino bueno primero** y después que ya han bebido el inferior, pero tú has guardado el mejor vino para después. Cuando ha pasado el tiempo, cuando ha madurado el amor es mejor, cuando ha pasado por pruebas podemos gozarlo y paladearlo con mayor gusto. Así, las parejas que hemos recorrido un buen trecho del camino, hemos de saborear el vino añejo, gozarlo es la recompensa.

Y este pasaje de la Boda de Caná de Galilea termina diciendo: **"Y creyeron en sus discípulos".** Así, especialmente nuestros hijos, han de creer en nosotros, valorarán el matrimonio viendo nuestra lucha, nuestra entrega, la forma como resolvemos nuestros conflictos. Ojalá pudiéramos ser ejemplo para ellos y para otras parejas que al vernos quisieran ser como nosotros, no por ser perfectos, no hay pareja perfecta. Hay parejas que levantan los ojos al cielo y le piden a Jesús que repita el Milagro de Caná en su vida.

Quiero compartir con ustedes lo que sucedió el día más feliz de mi vida: después de veinticinco años volvimos a estar ante el altar de Dios. Contábamos los días para que llegara el gran acontecimiento, porque compartir la vida durante veinticinco años merecía celebrarse. Yo estaba tan feliz que comenté que sentía como si me fuera a casar por primera vez y que me encantaría vivir un Encuentro Prematrimonial. Faltaban algunos días para nuestra celebración y nos hablaron de Encuentros Matrimoniales, diciéndonos que nos tenían un regalo, yo di por hecho que sabían de nuestro aniversario y querían festejarnos. Llegamos, en el salón había un sinnúmero de corazones que decían "La historia de nuestro amor" "Vive tu romance"y yo buscaba ansiosa el que dijera Jaime y Maga, pues estaba segura de que esto que estábamos viviendo era con dedicatoria especial para nosotros. No hubo tal corazón, pero la charla fue precisamente un regalo que nos preparó para vivir más intensamente este acontecimiento. El tema fue "La historia de nuestro amor, como te conocí, me enamoré de ti y te pedí que fueras mi esposa". Yo sentí que se había realizado mi primer deseo. Al llegar a nuestra casa nos encontramos con una gran sorpresa, salieron nuestros hijos muy elegantes y me dijeron:"Qué estás haciendo en la calle, no tardan en venir a pedir tu mano y no te has arreglado". Yo entré, preguntándome qué se les habría ocurrido a mis Albarranes y pensando regresar el reloj del tiempo, me puse el vestido más juvenil que encontré. Al bajar encontré una mesa preciosa y a mis hijos alrededor, tomamos nuestro lugar y Jaime dijo: "Hace veinticinco años llegué hasta la casa de sus abuelos a pedir la mano de su mamá, hoy quiero decirles a ustedes que me quiero casar con ella". Tomó una rosa que estaba en el centro de la mesa, la besó y me la entregó preguntándome: "¿Te quieres casar conmigo?" En el centro de la rosa encontré un anillo de compromiso y puedo decirles que el brillante era más grande que aquél... Tenía el resplandor de la historia que habíamos tejido juntos.

Y llegó el gran día y yo me sentía "la novia" más feliz y parecía que el tiempo no había pasado y parecía que todo había sido fácil. Y eso es lo más bello de nuestra historia: que esos momentos difíciles nos han ayudado a crecer, a unirnos y a caminar juntos; por eso era tan importante esa fiesta de Acción de Gracias. Era llegar nuevamente hasta el altar donde todo un Dios se comprometió con nosotros en un sacramento que se realiza cada día, en el decir SI QUIERO de todos los días, en las cosas pequeñas y en los grandes acontecimientos. Y fue hermosísimo llegar a esa capilla en donde hemos vivido grandes momentos, sintiéndola nuestra casa y a El nuestro Padre, escuchar las voces de nuestros hijos que en una conjunción de anhelos cantaban alabando a Dios que nos había mantenido unidos, encontrar a muchos sacerdotes, amigos entrañables que nos recibían y celebraban con nosotros. Y después de una homilía bellísima, renovar aquella promesa.

"Maga", dijo Jaime, "hace veinticinco años iniciamos juntos nuestro caminar en presencia del Señor nuestro Dios, en el Sacramento que nos ha mantenido unidos en el amor. Lleno de él he venido a renovarlo, prometiéndote seguir siendo fiel en cada momento. Y hoy, ante el Señor, con nuestros hijos, nuestros hermanos y nuestros amigos vuelvo a decir: Sí Quiero".

"Jaime", dije yo, "hace veinticinco años llegó hasta el altar de Dios una pareja que solamente llevaba su amor. Hoy estamos aquí de nuevo, con un amor probado y comprobado, con un amor que ha sabido de muchas luchas, pero también de victorias, de grandes alegrías, pero también de tristezas. Y lo más bello que ha experimentado nuestro amor, es ver cómo en muchas ocasiones se realizaba el milagro de las Bodas de Caná de Galilea, porque algunas veces se nos estuvo acabando el vino, porque algunas veces nuestras tinajas se quedaron vacías, pero El siempre estuvo ahí, realizando un milagro para nosotros, es por esto que hoy, para fortalecer esta alianza estoy nuevamente aquí para decir: SI QUIERO".

Y en el ofertorio, cuatro lirios ofrecidos al Señor, un regalo de El en el que nos mostró su confianza a través de la Eucaristía, una vez más manifestó el gran amor que nos tiene.

Y como celebrábamos una fiesta de Acción de Gracias agradecimos a nuestros amigos que nos hubieran acompañado en el caminar, especialmente a nuestros amigos sacerdotes cuya amistad y cariño son un reflejo del amor de Dios en nuestra vida; dimos gracias a nuestros hermanos, cuyo ejemplo nos ha apoyado para permanecer fieles; agradecimos a nuestros hijos, a nuestras tres rosas rojas y a nuestra flor blanca y a cada uno le dijimos lo que significaba para nosotros.

"A ti, Katia, gracias porque en ti por primera vez se hizo realidad el prodigio de ser padres; gracias por tu simpatía y por la fuerza que siempre nos transmites."

"A ti, Jeanine, gracias por tu dulzura, por tu espiritualidad y por la gran fe que tienes en Dios y que ha sido un ejemplo para nosotros."

"A ti, Jimy, gracias, porque tú nos has enseñado a dar gracias, porque tú nos haces levantar los ojos al cielo, porque en ti y contigo hemos aprendido a contemplar, a maravillarnos y a agradecer el milagro de todos los días en lo pequeñito, gracias por ser tan importante para nosotros".

"A ti, Riqui, gracias por ser tan cariñoso, por tu alegría y porque tu inquietud la traduces en servicio; gracias porque siempre estás dispuesto. Son ustedes la síntesis de nuestro amor, uno de los grandes motivos para caminar juntos".

"Y por último y en primer lugar, gracias a Dios, a ese gran Dios que se comprometió un día en el altar y que no nos ha dejado nunca; gracias por el regalo de la VIDA, gracias por el regalo de la AMISTAD, gracias por el regalo de la FE, gracias por el regalo del AMOR".

Y a Jaime le dije: "Gracias por compartir tu vida conmigo y ser mi compañero. Y quiero decirte algo que hoy, es una promesa"

*Cuando estemos viejos*
*y tiemblen mis manos al tomar las tuyas*
*y nos falte el llanto, la risa y la bulla*
*de nuestros diablillos que ya estarán lejos*

*Cuando estemos viejos*
*cuando estemos solos,*
*cuando no haya nada*
*y nos duela todo...*

*Cuando sólo exista la casa vacía,*
*y anden en silencio tu risa y la mía...*
*nos querremos tanto...*
*que nuestro cariño*
*llenará la ausencia de nuestros diablillos*

*Cuando estemos viejos...*
*yo te lo prometo compañero mío,*
*serán nuestras horas llenas de dulzura*
*serán nuestros días plenos de ternura...*

*Andaremos juntos viejitos inquietos,*
*las cuatro estaciones de un mundo de nietos,*
*y verás mi vida que miente el espejo,*
*pues seremos novios, cuando estemos viejos.*

Han pasado treinta y dos años... hemos compartido todo tratando de "hacer de cada noche la primera y de cada mañana el principio de nuestro amor".

## Para ti

*Compañero mío, mi gran compañero,*
*hemos recorrido juntos un buen trecho...*
*en él encontramos espinas a veces*
*que nuestro Dios bueno compensó con creces*
*Tuvimos mañanas y noches milagrosas*
*y aquellas espinas se tornaron rosas.*

*Hemos compartido nuestra vida, juntos*
*llenamos de amor millones de horas*
*los años transcurren en unos minutos...*
*alegrías, tristezas, luchas y victorias.*

*Seguiremos juntos compartiendo todo,*
*nuevas experiencias nos dará la vida,*
*los hijos deciden que se van muy lejos*
*y mientras nosotros, nos hacemos viejos.*

*Y cuando la tarde vaya declinando,*
*cuando ya la vida no nos ponga retos*
*otras alegrías iremos gozando,*
*la magia divina de un mundo de nietos.*

*Yo quiero decirte que mientras vivamos*
*iremos tejiendo una historia bella.*
*Cuando Dios nos llame, yo te lo prometo,*
*nos reencontraremos en alguna estrella.*

La Riqueza de ser mujer se manifiesta en cada etapa, en cada faceta y en todo momento de nuestra vida. Esa riqueza implica no perder la fe, vivir en la esperanza y amar siempre.

La mujer es un ser libre y la libertad está en la opción. Ella elige sabiendo que la felicidad no es una meta sino un camino y que el límite para ser feliz es uno mismo.

Una mujer que reconoce la riqueza que posee es aquella que sabe dar una caricia, una palabra de consuelo, quien regala su tiempo, su atención, su mirada y su presencia a los que ama y se entrega día a día para alcanzar su ideal, quien sigue los caminos del corazón, se reconoce valiosa y puede vivir sin envanecerse por lo logrado y soñar todos los días en alcanzar su estrella.

***Esa mujer eres tú***

Impreso en:
Impresora Múltiple, S.A. de C.V.
Saratoga No. 909 Col. Portales
03300 - México, D.F., Junio 2000